LOW CARB baking

Diana Ruchser

LOW CARB *baking*

Brot, Brötchen & Baguette

55 kreative Rezepte mit wenig Kohlenhydraten

CHRISTIAN

INHALT

VORWORT

Mittlerweile lebe ich seit über fünf Jahren low carb, und habe zu diesem Thema schon so einige Gespräche geführt. Die Reaktionen waren immer sehr ähnlich: »Was, du verzichtest auf Nudeln, Reis, Kartoffeln und Brot? Also vor allem auf Brot könnte ich ja nicht verzichten!«

Ja, wer sagt eigentlich, dass ich verzichten muss?

Meine Webseite **schwarzgrueneszebra.de** gibt es seit Ende 2014. Als ich damals angefangen habe, low carb zu backen, gab es wirklich nur nasse Teigfladen namens »Oopsies« und deftigen Kuchen. Aber mit der Zeit, vielen Experimenten und neuen Zutaten kann ich sagen: »Nein, ich muss nicht auf gutes Brot verzichten!«

In diesem Buch findest du meine vier erfolgreichsten Brotrezepte von meinem Blog, aber auch 51 Neukreationen und ein Grundrezept für den ultimativen Hefeteig. Aber ich teile mit dir auch mein Wissen zum Thema Brot backen, die wichtigsten Mehle und die größten Fehlerquellen.

Lass dich von meinen klassischen Sonntagsbrötchen, ausgefallenen Partysnacks, sättigenden Brotgerichten und süßen Leckereien inspirieren.

Ich wünsche dir viel Spaß,

D. Ruchser

deine Diana Ruchser

EINFÜHRUNG

DAS A UND O BEIM BACKEN

Ein Low-Carb-Brot zu backen gehört zur Königsdisziplin in der Low-Carb-Ernährung. Denn im Gegensatz zu den Anfängen der Low-Carb-Ära ist die Zeit von »Oopies« und deftigen Kuchen längst vorbei. Mittlerweile ist es einfach, gute Low-Carb-Brote zu backen, die dem herkömmlichen deutschen Standard das Wasser reichen können.

Neben Mandelmehl, Kokosmehl und Goldleinsamenmehl setzt das allerdings ein paar Zutaten voraus, die man bisher nicht im normalen Supermarkt kaufen kann. Doch welche sind wirklich nötig?

DIE MEHLSORTEN

Um die meisten Brotrezepte aus dem Buch backen zu können, ist es sinnvoll, sich folgende Mehle zu besorgen:

MANDELMEHL

Das wohl beliebteste, aber auch mit Abstand das teuerste Low-Carb-Mehl ist das Mandelmehl. Hierbei handelt es sich nicht um sehr fein gemahlene Mandeln, sondern, wie bei fast allen Nuss- und Saatenmehlen, um Pressrückstände aus deren Ölgewinnung. Der sogenannte Presskuchen, der nach der Ölpressung übrig bleibt, bildet den Grundstock für das Mehl.

Es gibt verschiedene Varianten, wie entölt, teilentölt, braunes Mandelmehl oder weißes Mandelmehl. Ich empfehle grundsätzlich das entölte, weiße Mandelmehl, da es aus blanchierten Mandeln gewonnen wurde. Das Mehl ist sehr mild und eignet sich für leicht süßliche Teige. Das braune Mandelmehl dagegen ist sehr herb.

GOLDLEINSAMENMEHL

Goldleinsamenmehl wird aus Goldleinsamen gewonnen. Es entsteht, wie das Mandelmehl, aus dem Presskuchen der Ölgewinnung. Im Gegensatz zum regulären Leinsamenmehl ist es nicht so herb und eignet sich daher für helle, deftige Teige. Es nimmt sehr gut Flüssigkeiten auf und ist auch eine gute Alternative für Eier. In Reformhäusern wird es auch als Leinmehl verkauft.

KOKOSMEHL

Neben Mandelmehl gehört Kokosmehl wohl zu den bekanntesten Low-Carb-Mehlen. Kokosmehl nimmt sehr viel Flüssigkeit auf, sodass man für 100 g Weizenmehl nur etwa 35 g Kokosmehl benötigt. Der Kokosgeschmack kommt hier allerdings stark durch, weshalb das Mehl auch eher in geringen Dosen verwendet werden sollte. Durch die gute Flüssigkeitsaufnahme bekommen Brote eine gute Konsistenz und werden nicht ganz so »glitschig«. Man sollte eine Sorte mit etwa 8 g Kohlenhydraten auf 100 g wählen. Die Werte schwanken zwischen 8–22 g, und die Menge kann beim Backen die Flüssigkeitsaufnahme beeinträchtigen.

KARTOFFELFASERN

Kartoffeln bei einer Low-Carb-Ernährung klingen erstmal irreführend. Kartoffelfasern aber sind ein wichtiger Bestandteil von Low-Carb-Broten. Sie sind Rückstände aus der Kartoffelstärkegewinnung, bei der den Kartoffeln die Stärke entzogen wird. Übrig bleiben Kartoffelfasern. Sie geben dem Brot den Geschmack und das Mundgefühl von Sauerteig. Wer eine rustikale Kruste mag, kann sein Brot vor dem Backen damit einreiben. Da sich Kartoffelfasern nicht in Wasser auflösen, sind sie zudem auch für warme Mehlspeisen geeignet.

BAMBUSFASERMEHL

Bambusfasermehl wird, wie es der Name schon sagt, aus Bambus hergestellt und besteht fast nur aus Ballaststoffen. Das Mehl ist sehr fein und erinnert an Stärke zum Andicken von Saucen. Zum Saucenbinden ist es allerdings nicht gut geeignet, da seine Bindekraft nicht so stark wie bei anderen Bindemitteln ist. Allerdings ist es sehr leicht und kommt so als perfekter Weizenmehlersatz für Hefeteige infrage. Vor allem, weil sein Geschmack neutral ist und sich auch für weißbrotartige Teige eignet. Auch zum Bemehlen der Arbeitsflächen oder des Nudelholzes ist es optimal. Wenn man Teiglinge vor dem Backen mit etwas Bambusfasermehl bestäubt, bekommt das Gebäck eine rustikale Kruste.

ALTERNATIVE NUSS- UND SAMENMEHLE

Zu fast jeder Nuss- und Samensorte gibt es mittlerweile ein Mehl. Die meisten davon sind low carb. Viele haben einen markanten Geschmack. Macadamiamehl, Kürbiskernmehl, Sonnenblumenkernmehl, Hanfmehl oder Walnussmehl können nicht eins zu eins durch Mandelmehl oder Goldleinsamenmehl ersetzt werden. Man kann diese Mehlsorten aber gut mit Mandelmehl oder Goldleinsamenmehl mischen. So zaubert man aus einem bestehenden Rezept neue Variationen.

BINDEMITTEL

Da Low-Carb-Mehle im Gegensatz zu Weizenmehl kein Gluten und somit auch kein natürliches Bindemittel enthalten, ist es notwendig, dem Teig Bindemittel zuzufügen.

EIER

Eier sind in der Low-Carb-Küche ein ausgezeichnetes Bindemittel. Zudem sind sie gesund und werden daher gerne verwendet. Gute Alternativen sind in Wasser gequollene gemahlene Lein- und Chiasamen. Sie verändern allerdings den Geschmack. 1 EL Samen, gemischt mit 2-3 EL Wasser, ersetzt 1 Ei.

QUARK, FRISCHKÄSE UND JOGHURT

Diese Milchprodukte sind ebenfalls ein guter Kleber. Ausgezeichnet eignet sich Quark, da er zudem auch noch gute Backeigenschaften besitzt. Alternativ kann aber auch Frischkäse oder Joghurt verwendet werden. Dann sollte allerdings der Fettgehalt hoch sein, da der Wasseranteil sonst zu groß ist.

FLOHSAMENSCHALEN UND FLOHSAMENSCHALENPULVER

Flohsamenschalen kennt man bereits seit mehreren Jahrzehnten aus der Apotheke. Die Samen und die dazugehörigen Schalen werden aus einer Wegerichart, der Psyllium,

gewonnen, die hauptsächlich in Pakistan und Indien angebaut wird. Sie sind ausgezeichnet für die Verdauung und binden die Low-Carb-Brotteige besonders gut, da sie sehr viel Wasser speichern. Man sollte allerdings darauf achten, dass man bei Experimenten nicht zu viel Wasser in den Teig gibt. Zwar können die Flohsamenschalen das Wasser speichern, aber beim Backen nicht wieder abgeben.

Das Flohsamenschalenpulver, auch Psyllium Husk genannt, ist nichts anderes als fein gemahlene Flohsamenschalen. Das Pulver eignet sich besonders für helle Brote und Kleingebäck.

Bei Flohsamenschalen und Flohsamenschalenpulver sollte man auf eine möglichst reine Qualität achten. Das fördert, gerade bei hellen Broten, den Geschmack und die Konsistenz. Je mehr Flohsamen im Teig sind, umso kerniger wird der Geschmack und dunkler das Brot. Auch kann es zu Reaktionen mit Backpulver kommen, welches das Brot leicht violett färbt.

GUARKERNMEHL

Das Guarkernmehl ist in vielen Lebensmitteln als Bindemittel enthalten. Es wird aus der Guarbohne gewonnen, die hauptsächlich in Indien und Pakistan angebaut wird. Das gemahlene Pulver hat eine enorme Bindefähigkeit. Auf etwa 200 ml Wasser benötigt man nur einen Teelöffel. Für Teige wird es so allerdings nur sehr sparsam eingesetzt. Guarkernmehl ist auch ein guter Saucenbinder. Als Alternative eignet sich Johannisbrotkernmehl.

BACKTRIEBMITTEL

BACKPULVER

Backpulver ist wohl immer noch das Backtriebmittel Nummer eins. Bei Low-Carb-Broten sollte man darauf achten, die glutenfreie Variante zu verwenden. Das ist zwar nicht hundert Prozent low carb, aber aufgrund der geringen Menge kann man es ruhig für Low-Carb-Brot benutzen.

Mittlerweile gibt es aber auch Low-Carb-Backpulver. Dieses wurde mit Low-Carb-Mehlen hergestellt und ist in allen Belangen bedenkenlos.

NATRON UND WEINSTEINBACKPULVER

Wer positive Erfahrungen mit Natron gemacht hat, kann das reguläre Backpulver durch Natron und etwas Essig ersetzen.

Alternativ kann Backpulver eins zu eins durch Weinsteinbackpulver ersetzt werden.

HEFE

Hefe ist ein schwieriges Backtriebmittel, nicht nur bei kohlenhydratarmen Teigen. Sie benötigt einen lockeren, warmen Teig (am besten mit Bambusfasermehl) und etwas Zucker zum Gehen. Trockenhefe muss nicht in Wasser und Zucker aktiviert werden. Die geringe Menge an Kohlenhydraten reicht der Trockenhefe zum Aufgehen. Bei frischer Hefe sollte man darauf achten, dass sie vorher in lauwarmem Zuckerwasser aufgelöst wird.

Alternativ kann Hefe durch Backpulver ersetzt werden. Das spart Zeit, allerdings fehlt dann auch der typische Hefegeschmack.

FEHLERQUELLEN VERMEIDEN

Man kann bei den Rezepten einige Zutaten austauschen und gegebenenfalls variieren. Man sollte aber einige Dinge beachten, damit das selbst gemachte Brot nicht misslingt.

GEMAHLENE NÜSSE STATT NUSSMEHLE

Wer auf die Idee kommt, man könnte Geld sparen, indem man einfach Mandelmehl durch gemahlene Mandeln ersetzt, sollte aufpassen. Zum einen sind die meisten Mandelmehlsorten geschält, dadurch sind sie weiß und hell. Zum anderen nehmen die Mandeln durch ihren hohen Fettanteil Feuchtigkeit nicht so gut auf. Das Brot kann zudem schnell nach Marzipan schmecken.

Ähnlich ist es auch bei anderen Mehlen wie Kokos- oder Goldleinsamenmehl.

KEINE BINDEMITTEL

Ebenso funktioniert es nicht, Nussmehle einfach mit Wasser zu vermengen und daraus einen Teig zu formen. Durch das fehlende Gluten, auch Weizenkleber genannt, fehlt dem Low-Carb-Mehl das benötigte Bindemittel. Darum sollte man immer Eier, Quark und/oder ein Bindemittel wie Guarkernmehl oder Flohsamenschalenpulver zufügen. Das macht den Teig geschmeidig und formbar.

ZU VIEL FLOHSAMENSCHALENPULVER UND BALLASTSTOFFE

Flohsamenschalenpulver macht das Brot zwar fluffig, leider aber auch schnell matschig. Denn durch den hohen Flüssigkeitsspeicher saugt es viel Wasser auf, was es beim Backen nicht ausreichend abgeben kann. Darum sollte Flohsamenschalenpulver nur sparsam eingesetzt werden.

30 g Flohsamenschalenpulver kann nicht eins zu eins durch Guarkernmehl oder Johannisbrotkernmehl ersetzt werden, da die Bindemittel unterschiedliche Eigenschaften haben. Sollten in einem Rezept aber jeweils nur ein bis zwei Teelöffel der genannten Bindemittel verwendet werden, können die Zutaten aber miteinander ausgetauscht werden.

Was ebenso für einen sparsamen Konsum von Flohsamenschalenpulver spricht, ist der hohe Ballaststoffanteil. Ab einer bestimmten Menge kann der Körper die Ballaststoffe nicht mehr aufnehmen und verwerten. Das kann sich in Form von Blähungen äußern.

Das Gleiche gilt für Bambusfasermehl. Durch den hohen Ballaststoffanteil sollte man es mit Nussmehlen mischen, damit es nicht zu unangenehmen Nebenwirkungen führt.

BACKZEITEN UND ANSCHNITT

Auch die Backzeiten spielen eine Rolle. Die meisten Brote oder Brötchen werden länger gebacken als herkömmliche Backwaren. Für einen Low-Carb-Brotlaib sind 90 Minuten eher eine reguläre Backzeit.

Auch der Backofen spielt eine Rolle. So können Temperaturschwankungen und Backofeneinstellungen einen großen Unterschied machen. Am besten werden die Ergebnisse bei 160–180 °C (Umluft).

Da die Brote in der Regel einen hohen Anteil an Flüssigkeiten haben, ist es zu empfehlen, auf Backformen größtenteils zu verzichten. Alternativ sollten Backformen mit Löchern verwendet werden, damit die Feuchtigkeit auf allen Seiten verdampfen kann.

Nach der Backzeit sollte das Brot ausreichend abkühlen, da immer noch Feuchtigkeit entweicht. Auch wenn es schwerfällt, sollte das Brot erst erkaltet angeschnitten werden, da es sonst zusammenfallen kann.

AUFBEWAHRUNG

Low-Carb-Brote sollte man nicht, wie normale Brote, in einer Brotbox oder einem Leinensack aufbewahren, sondern immer im Kühlschrank.

Mit einem Tuch abgedeckt hält sich das Brot bis zu einer Woche im Kühlschrank. Ohne Kühlung wird es durch die enthaltene Feuchtigkeit schnell schimmelig.

Auch eine Tupperbox ist nicht zu empfehlen, denn daraus kann die Feuchtigkeit nicht entweichen.

TIPPS UND TRICKS BEIM BACKEN

1. Mische Mandel-, Kokos- und Goldleinsamenmehl, damit das Brot milder und neutraler schmeckt.
2. Tausche in einem Rezept 50 % vom Mandel- oder Goldleinsamenmehl gegen ein herberes Nuss- oder Saatenmehl wie Walnuss-, Macadamia- oder Hanfmehl, um dem Brot eine geschmacklich neue Note zu geben.
3. Kartoffelfasern können durch Bambusfasermehl ersetzt werden, aber Bambusfasermehl nicht durch Kartoffelfasern, da Kartoffelfasern einen herben Beigeschmack haben und nicht so fein wie Bambusfasermehl sind.
4. Eier kann man optimal durch gemahlene Chia- oder Leinsamen mit Wasser gemischt ersetzen (siehe S. 12).
5. Statt Butter oder Öl kann auch Nussmus für ein Brot verwendet werden.
6. Trockene Kräuter können in jedes Brot nach Belieben zugefügt werden.
7. Umso mehr Wasser zum Teig gegeben wird, desto fluffiger, aber leider auch feuchter wird das Brot.
8. Reines Flohsamenschalenpulver erzeugt ein besseres Backergebnis. Die Reinheit des Flohsamenschalenpulvers erkennt man an der Farbe. Ein fast weißes Pulver ist reiner als ein braunes.
9. Low-Carb-Teig ist oft klebriger als Teig aus Weizenmehl. Eine wiederverwendbare Silikonmatte und ein Silikon-Teigroller sind gute Hilfsmittel beim Ausrollen.
10. Zum Bemehlen von Teigen eignet sich am besten Bambusfasermehl.
11. Damit Körner und Samen auf dem Brot halten, muss es nicht immer mit Ei bestrichen werden. Es reicht aus, den Brotlaib mit warmem Wasser zu bepinseln.
12. Brote nach dem Backen sofort aus dem Backofen und/oder der Form nehmen und auf einem Backgitter abkühlen lassen, so entweicht die restliche Feuchtigkeit von allen Seiten.
13. Metallbackformen mit Löchern eignen sich besser als Silikonformen, da beim Backen die Feuchtigkeit dann schneller verdampfen kann.
14. Für eine krossere Kruste das fertige Brot abkühlen lassen und anschließend erneut im vorgeheizten Backofen 20 Minuten backen.
15. Matschige Stellen oder große Löcher unter der Kruste sind ein Anzeichen für zu viel Wasser im Teig oder qualitativ schlechtes Flohsamenschalenpulver.
16. Zu feuchte Brote einfach scheibenweise in den Toaster geben und nachrösten.
17. Missglückte Brote entweder in dünne Scheiben schneiden, dörren und zu Brotchips (siehe S. 139) oder Paniermehl verarbeiten.

DER PERFEKTE LOW-CARB-HEFETEIG

Den perfekten Hefeteig zu backen, ist nicht nur in der Low-Carb-Ernährung schwierig, auch mit normalem Weizenmehl gibt es einige Kniffe zu beachten. So ist es auch beim Low-Carb-Hefeteig. Früher hat man gedacht, dass ein kohlenhydratarmer Hefeteig nur mit Gluten und einer kleinen Prise Zucker möglich ist. Doch durch Experimentieren, neue Mehlsorten und neues Wissen gibt es jetzt ein All-Round-Rezept, welches für Brote, Knabbereien, aber auch Gebäck geeignet ist.

Ergibt 1 Laib

ZUTATEN

6 Eier
250 g Quark 40 %
100 g Bambusfasermehl
100 g Mandelmehl
30 g Kokosmehl
30 g Flohsamenschalenpulver
7–9 g Trockenhefe
1 TL Salz

ZUBEREITUNG

Die Eier mit dem Quark in einer Rührschüssel verrühren.

Das Bambusfasermehl mit dem Mandelmehl, dem Kokosmehl und dem Flohsamenschalenpulver mischen. Die Hefe und das Salz dazugeben. Die Mischung zur Ei-Quark-Masse geben und gut vermengen. Nach und nach 200 ml warmes Wasser zugießen und alles zu einem homogenen Teig verkneten.

Den Teig zu einer Kugel formen und abgedeckt an einem warmen Ort etwa 60 Minuten gehen lassen. TIPP: Den Teig im auf 40–45 °C (Umluft) vorgeheizten Backofen gehen lassen.

Den aufgegangenen Teig noch einmal durchkneten und einen Laib Brot formen. Oben nach Belieben etwa 1–2 cm tief einschneiden.

Den Brotlaib im auf 160 °C (Umluft) vorgeheizten Backofen etwa 60 Minuten backen.

Das Brot aus dem Ofen nehmen und vor dem Anschneiden vollständig abkühlen lassen.

Dieses Rezept ist ein perfektes Grundrezept. Für deftigere Brote kann das Mandelmehl eins zu eins gegen Goldleinsamenmehl ausgetauscht werden. Dabei sollte man das Brot nicht in einer Form backen, denn bei Verwendung von Goldleinsamenmehl kann die Feuchtigkeit schlechter entweichen.

Allgemein habe ich beim Backen festgestellt, dass die Menge des zugefügten Wassers die Konsistenz des Teiges unterschiedlich beeinflussen kann.

Das hängt mit vier möglichen Faktoren zusammen: zum einen an der Größe der Eier, dem Fettgehalt des Quarks, der Kokosmehlsorte, aber auch an der Ungenauigkeit von Messbechern.

Daher sollte beim Zufügen von Wasser darauf geachtet werden, dieses nach und nach dem Teig zuzugießen, damit er am Ende nicht zu flüssig wird.

Sollte der Teig doch zu flüssig geworden sein, kann man etwas Bambusfasermehl dazugeben.

ZOPF FLECHTEN

1 Den Teig dritteln und jedes Stück zu einem Strang formen.

2 Die Enden miteinander verbinden.

3 Einen äußeren Strang nach innen legen.

4 Mit dem äußeren Strang der anderen Seite ebenso verfahren.

5 Vorgang wiederholen, bis die Teigstränge komplett miteinander verschlungen sind.

6 Den fertig geformten Hefezopf noch etwas in Form bringen.

BAGUETTE FORMEN

1 Die Hände leicht anfeuchten und den Teig in drei Stücke teilen.

2 Die Teigstücke zu dicken Strängen formen.

3 Löcher oder Risse verschließen.

4 Nun weiter ausrollen, bis ein Baguette etwa 20–25 cm lang ist.

5 Die Stangen am besten in ein Baguetteblech setzen.

6 Die Baguettes vor dem Backen mehrfach schräg einschneiden.

KLASSISCHE REZEPTE

BAGELS

Ergibt 6–8 Stück

ZUTATEN

4 Eier
250 g Quark 40 %
100 g Goldleinsamenmehl
50 g Leinsamen
30 g Sonnenblumenkerne
30 g Flohsamenschalenpulver
15 g Backpulver
1 TL Salz
Kürbis- und Sonnenblumenkerne zum Bestreuen

ZUBEREITUNG

Die Eier mit dem Quark in einer Rührschüssel verrühren.

Das Goldleinsamenmehl mit den Leinsamen, den Sonnenblumenkernen, dem Flohsamenschalenpulver und dem Backpulver mischen.

Die Mischung mit dem Salz zur Ei-Quark-Masse geben und alles zu einem homogenen, gut formbaren Teig verkneten. Sollte der Teig zu bröselig sein, noch etwas Wasser zugießen.

Den Teig in 6–8 Stücke teilen, zu Kugeln formen und zu 1 ½–2 cm dicken Fladen platt drücken. Mit dem Finger je ein Loch in die Mitte drücken und mit Drehbewegungen das Loch vorsichtig auf 3 cm Durchmesser vergrößern.

Die Teiglinge auf ein mit Backpapier ausgelegtes Backblech geben, mit warmem Wasser bepinseln und mit Kürbis- und Sonnenblumenkernen bestreuen.

Die Bagels im auf 180 °C (Umluft) vorgeheizten Backofen etwa 30 Minuten backen.

Die Bagels aus dem Ofen nehmen und vor dem Verzehr abkühlen lassen.

TIPP: Sollte der Teig zu klebrig sein, die Hände vor dem Kneten anfeuchten.

KARTOFFELFASER-LEINSAMEN-BROT

Ergibt 1 Brot

ZUTATEN

4 Eier
250 g Quark 40 %
50 g Flohsamenschalenpulver
100 g Goldleinsamenmehl
30 g Kokosmehl
50 g Kartoffelfasern
+ etwas mehr zum Wälzen (optional)
15 g Backpulver
½ EL Salz

ZUBEREITUNG

Die Eier mit dem Quark in einer Rührschüssel verrühren.

Das Flohsamenschalenpulver mit dem Goldleinsamenmehl, dem Kokosmehl, den Kartoffelfasern und dem Backpulver mischen.

Die Mischung mit dem Salz zur Ei-Quark-Masse geben und gut vermengen. 200 ml Wasser zugeben und alles zu einem homogenen Teig verkneten.

Einen ovalen Laib formen, nach Belieben in Kartoffelfasern wälzen und oben einschneiden.

Das Kartoffel-Leinsamen-Brot auf ein mit Backpapier ausgelegtes Backblech geben und im auf 180 °C (Umluft) vorgeheizten Backofen etwa 90 Minuten backen.

Das Kartoffel-Leinsamen-Brot aus dem Ofen nehmen und vor dem Anschneiden vollständig abkühlen lassen.

MOZZARELLA-KOKOS-BRÖTCHEN

Ergibt 8–9 Stück

ZUTATEN

3 Eier
200 g Schlagsahne
20 g Flohsamenschalenpulver
80 g Kokosmehl
50 g Bambusfasermehl
15 g Backpulver
½ TL Salz
200 g geriebener Mozzarella

ZUBEREITUNG

Die Eier mit der Sahne in einer Rührschüssel verrühren.

Das Flohsamenschalenpulver mit dem Kokosmehl, dem Bambusfasermehl und dem Backpulver mischen.

Die Mischung mit dem Salz zur Ei-Sahne-Masse geben und gut vermengen. 200 ml Wasser und den Mozzarella zugeben und alles zu einem homogenen Teig verkneten.

Den Teig in 8–9 Stücke teilen, zu Brötchen formen und oben nach Belieben einschneiden.

Die Teiglinge auf ein mit Backpapier ausgelegtes Backblech geben und im auf 160 °C (Umluft) vorgeheizten Backofen in etwa 40 Minuten goldbraun backen.

Die Mozzarella-Kokos-Brötchen aus dem Ofen nehmen und vor dem Verzehr abkühlen lassen.

ERDNUSSBROT

Ergibt 1 Brot

ZUTATEN

500 g Schlagsahne
4 Eier
50 g Mandelmehl
50 g Bambusfasermehl
+ etwas mehr zum Bemehlen
30 g Flohsamenschalenpulver
30 g Kokosmehl
1 TL Salz
1 Päckchen Trockenhefe
100 g Erdnussmus
100 g ungesalzene Erdnusskerne

ZUBEREITUNG

250 g Sahne lauwarm erwärmen.

Die Eier mit der übrigen Sahne (250 g) in einer Rührschüssel verrühren.

Das Mandelmehl mit dem Bambusfasermehl, dem Flohsamenschalenpulver, dem Kokosmehl, dem Salz und der Hefe mischen. Die Mischung zur Eier-Sahne-Masse geben und gut vermengen. Nach und nach die lauwarme Sahne zugeben.

Das Erdnussmus und die Erdnüsse untermischen und alles zu einem homogenen Teig verkneten.

Den Teig mit einem Küchentuch abgedeckt an einem warmen Ort etwa 60 Minuten gehen lassen.

Den aufgegangenen Teig noch einmal durchkneten, einen runden Laib formen, mit Bambusfasermehl bemehlen und oben nach Belieben einschneiden.

Das Erdnussbrot auf ein mit Backpapier ausgelegtes Backblech geben und im auf 180 °C (Umluft) vorgeheizten Backofen etwa 60 Minuten backen.

Das Erdnussbrot aus dem Ofen nehmen und vor dem Anschneiden vollständig abkühlen lassen.

GOLDSTÜCKE

Ergibt 8–9 Stück

ZUTATEN

4 Eier
250 g Frischkäse (Doppelrahmstufe)
1 TL Salz
150 g Goldleinsamenmehl
50 g Goldleinsamen
+ etwas mehr zum Bestreuen (optional)
30 g Flohsamenschalenpulver
15 g Backpulver

ZUBEREITUNG

Die Eier mit dem Frischkäse und dem Salz in einer Rührschüssel verrühren.

Das Goldleinsamenmehl mit den Goldleinsamen, dem Flohsamenschalenpulver und dem Backpulver mischen. Die Mischung zur Ei-Frischkäse-Masse geben und alles zu einem homogenen Teig verkneten. Sollte der Teig zu bröselig sein, noch etwas Wasser zugießen.

Den Teig mit angefeuchteten Händen in 8–9 Stücke teilen und zu Brötchen formen.

Die Teiglinge auf ein mit Backpapier ausgelegtes Backblech geben, nach Belieben mit Goldleinsamen bestreuen und oben nach Belieben einschneiden.

Die Goldstücke im auf 180 °C (Umluft) vorgeheizten Backofen etwa 30 Minuten backen.

Die Goldstücke aus dem Ofen nehmen und abkühlen lassen.

HANFSAMENBROT

Ergibt 1 Brot

ZUTATEN

4 Eier
250 g Quark 40 %
150 g Goldleinsamenmehl
30 g Kokosmehl
30 g Flohsamenschalenpulver
180 g Hanfsamen
15 g Backpulver
1 TL Salz
2 EL Olivenöl

ZUBEREITUNG

Die Eier mit dem Quark in einer Rührschüssel verrühren.

Das Goldleinsamenmehl mit dem Kokosmehl, dem Flohsamenschalenpulver und 150 g Hanfsamen mischen. Das Backpulver und das Salz dazugeben. Die Mischung zur Ei-Quark-Masse geben.

Das Olivenöl und 100–150 ml warmes Wasser zugießen und alles zu einem homogenen Teig verkneten.

Einen ovalen Laib formen, mit den übrigen Hanfsamen bestreuen und oben etwa 2 cm tief schräg einschneiden.

Das Hanfsamenbrot auf ein mit Backpapier ausgelegtes Backblech geben und im auf 180 °C (Umluft) vorgeheizten Backofen etwa 80 Minuten backen.

Das Hanfsamenbrot aus dem Ofen nehmen und vor dem Anschneiden vollständig abkühlen lassen.

HASELNUSSBROT

Ergibt 1 Brot

ZUTATEN

4 Eier
300 g Frischkäse (Doppelrahmstufe)
30 g Flohsamenschalenpulver
75 g Kartoffelfasern
+ etwas mehr zum Wälzen (optional)
200 g gemahlene Haselnusskerne
1 Päckchen Backpulver
1 TL Salz
75 g ganze Haselnusskerne

ZUBEREITUNG

Die Eier mit dem Frischkäse in einer Rührschüssel verrühren.

Das Flohsamenschalenpulver mit den Kartoffelfasern und den Haselnusskernen mischen. Das Backpulver und das Salz dazugeben. Die Mischung zur Ei-Frischkäse-Masse geben, 100–200 ml warmes Wasser zugießen und alles zu einem homogenen Teig verkneten.

Die ganzen Haselnusskerne untermischen, einen runden Laib formen, bei Bedarf in Kartoffelfasern wälzen und oben nach Belieben einschneiden.

Das Haselnussbrot auf ein mit Backpapier ausgelegtes Backblech geben und im auf 180 °C (Umluft) vorgeheizten Backofen etwa 90 Minuten backen.

Das Haselnussbrot aus dem Ofen nehmen und vor dem Anschneiden vollständig abkühlen lassen.

KAROTTENBROT

Ergibt 1 Brot

ZUTATEN

4 Eier
250 g Quark 40 %
100 g Mandelmehl
50 g Kartoffelfasern
30 g Flohsamenschalenpulver
30 g Kokosmehl
1 Päckchen Backpulver
1 TL Salz
½ TL Brotgewürz
250 g Karotten, geraspelt
Sonnenblumenkerne zum Bestreuen

ZUBEREITUNG

Die Eier mit dem Quark in einer Rührschüssel verrühren.

Das Mandelmehl mit den Kartoffelfasern, dem Flohsamenschalenpulver und dem Kokosmehl mischen. Das Backpulver, das Salz und das Brotgewürz dazugeben.

Die geraspelten Karotten zur Ei-Quark-Masse geben und verrühren. Nach und nach die Mehlmischung dazugeben, 200 ml warmes Wasser zugießen und alles zu einem homogenen Teig verkneten.

Den Teig zu einem ovalen Laib formen, die Oberseite mit etwas Wasser bepinseln, mit Sonnenblumenkernen bestreuen und diese leicht andrücken. Den Laib oben nach Belieben einschneiden.

Das Karottenbrot auf ein mit Backpapier ausgelegtes Backblech geben und im auf 180 °C (Umluft) vorgeheizten Backofen etwa 90 Minuten backen.

Das Karottenbrot aus dem Ofen nehmen und vor dem Anschneiden vollständig abkühlen lassen.

TOASTBROT

Ergibt 1 Brot

ZUTATEN

6 Eier
250 g Quark 40 %
50 g Xylit
100 g Bambusfasermehl
100 g Mandelmehl
30 g Flohsamenschalenpulver
30 g Kokosmehl
1 Päckchen Trockenhefe
1 TL Salz
200 ml lauwarme Milch
50 g Butterschmalz

AUSSERDEM

Kastenform (28 cm), gefettet

ZUBEREITUNG

Die Eier mit dem Quark und dem Xylit in einer Rührschüssel verrühren.

Das Bambusfasermehl mit dem Mandelmehl, dem Flohsamenschalenpulver und dem Kokosmehl mischen. Die Hefe und das Salz dazugeben. Diese Mischung und die Milch zur Ei-Quark-Masse geben und alles zu einem homogenen Teig verkneten.

Das Butterschmalz untermischen. Falls der Teig zu bröckelig ist, noch etwas Wasser zugießen.

Den Teig zu einer Kugel formen und abgedeckt an einem warmen Ort etwa 60 Minuten gehen lassen.

Den aufgegangenen Teig noch einmal durchkneten, zu einem länglichen Laib formen, in die Kastenform legen und oben nach Belieben einschneiden.

Das Toastbrot im auf 160 °C (Umluft) vorgeheizten Backofen etwa 60 Minuten backen.

Das fertige Brot aus dem Ofen nehmen und vor dem Anschneiden vollständig abkühlen lassen.

RUSTIKALE BAGUETTES

Ergibt 2–3 Baguettes

ZUTATEN

6 Eier
250 g Quark 40 %
30 g Flohsamenschalenpulver
100 g Goldleinsamenmehl
30 g Kokosmehl
100 g Bambusfasermehl
+ etwas mehr zum Wälzen
1 Päckchen Trockenhefe
1 TL Salz
1 TL Brotgewürz

AUSSERDEM

Baguetteblech

ZUBEREITUNG

Die Eier mit dem Quark in einer Rührschüssel verrühren.

Das Flohsamenschalenpulver mit dem Goldleinsamenmehl, dem Kokosmehl und dem Bambusfasermehl mischen. Die Hefe, das Salz und das Brotgewürz dazugeben. Die Mischung zur Ei-Quark-Masse geben. 200–300 ml lauwarmes Wasser zugießen und alles zu einem homogenen Teig verkneten.

Sollte der Teig zu flüssig sein, noch etwas Bambusfasermehl dazugeben. Sollte er zu fest sein, noch etwas Wasser zugießen.

Den Teig zu einer Kugel formen und abgedeckt an einem warmen Ort etwa 60 Minuten gehen lassen.

Den aufgegangenen Teig in 2 oder 3 Stücke teilen, zu Baguettes formen (siehe S. 21) und in Bambusfasermehl wälzen. Überschüssiges Mehl etwas abklopfen, die Teiglinge in die Baguetteform legen und oben nach Belieben einschneiden.

Die Baguettes im auf 180 °C (Umluft) vorgeheizten Backofen etwa 45 Minuten backen.

Die rustikalen Baguettes aus dem Ofen nehmen und vor dem Anschneiden vollständig abkühlen lassen.

TIPP: Um schöne Baguettes zu formen, ist es am einfachsten, den Teig erst auszurollen und dann einzurollen.

FLADENBROT

Ergibt 1 Fladenbrot

ZUTATEN

4 Eier
250 g Quark 40 %
100 g Goldleinsamenmehl
50 g Mandelmehl
30 g Flohsamenschalenpulver
50 g Kartoffelfasern
1 TL Salz
15 g Backpulver
schwarzer Sesam zum Bestreuen

ZUBEREITUNG

Die Eier mit dem Quark in einer Rührschüssel verrühren.

Das Goldleinsamenmehl mit dem Mandelmehl, dem Flohsamenschalenpulver und den Kartoffelfasern mischen. Das Salz und das Backpulver dazugeben. Die Mischung zur Ei-Quark-Masse geben und gut vermengen. Nach und nach 200 ml lauwarmes Wasser zugießen und alles zu einem homogenen Teig verkneten.

Den Teig mit angefeuchteten Händen zu einem 1½–2 cm dicken runden Fladen formen. Mit Wasser bepinseln, mit etwas Sesam bestreuen und etwa 5 mm tiefe Rauten einschneiden.

Das Fladenbrot auf ein mit Backpapier ausgelegtes Backblech geben und im auf 180 °C (Umluft) vorgeheizten Backofen 50–60 Minuten backen.

Das Fladenbrot aus dem Ofen nehmen und vor dem Anschneiden abkühlen lassen.

VEGANES KÖRNERLAIBLE

Ergibt 1 Brot

ZUTATEN

50 g Chiasamen
50 g Leinsamen
50 g Sonnenblumenkerne
100 g Goldleinsamenmehl
30 g Kokosmehl
1 TL Guarkernmehl
1 Päckchen Backpulver
1 TL Salz
100 ml Öl

ZUBEREITUNG

Die Chiasamen mit den Leinsamen, den Sonnenblumenkernen und den Mehlen mischen. Das Backpulver und das Salz dazugeben.

Das Öl und 300 ml heißes Wasser zugießen und alles zu einem homogenen Teig verkneten.

Etwa 10 Minuten ruhen lassen, dann einen runden Laib formen und oben nach Belieben einschneiden.

Das Körnerlaible auf ein mit Backpapier ausgelegtes Backblech geben und im auf 180 °C (Umluft) vorgeheizten Backofen 75–90 Minuten backen.

Das vegane Körnerlaible aus dem Ofen nehmen und vor dem Anschneiden vollständig abkühlen lassen.

TIPP: Statt Guarkernmehl kann man auch Flohsamenschalenpulver, Johannisbrotkernmehl oder Xanthan verwenden.

KNÄCKEBROT

Ergibt etwa 20 Stück

ZUTATEN

170 g Goldleinsamen
50 g Sonnenblumenkerne
30 g Chiasamen
100 g Hanfsamen
50 g geschälter Sesam
1 TL Salz

ZUBEREITUNG

70 g Goldleinsamen in einem Mixer fein mahlen, mit 200 ml Wasser verrühren und 5–10 Minuten quellen lassen.

Die übrigen Goldleinsamen mit den Sonnenblumenkernen, den Chiasamen, den Hanfsamen und dem Sesam mischen. Das Salz und die gequollenen Goldleinsamen dazugeben.

Alles gut verrühren, bis eine klebrige Masse entsteht, auf ein mit Backpapier ausgelegtes Backblech geben und 1,5 mm dick glatt streichen.

Mit einem Messer oder einem Pizzaschneider in 5 x 10 cm große Stücke schneiden.

Das Knäckebrot im auf 100 °C (Umluft) vorgeheizten Backofen in 2–2½ Stunden schön kross trocknen.

Das Knäckebrot aus dem Ofen nehmen und vor dem Verzehr vollständig abkühlen lassen.

BURGER-BUNS

Ergibt 6 Stück

ZUTATEN

4 Eier
50 g weiche Butter
200 g Schlagsahne
3 EL Xucker
30 g Flohsamenschalenpulver
50 g Mandelmehl
30 g Kokosmehl
50 g Bambusfasermehl
15 g Backpulver
1 TL Salz
weißer Sesam zum Bestreuen

AUSSERDEM

Burger-Bun-Form mit 6 Mulden

ZUBEREITUNG

1 Ei trennen. Das Eiweiß mit den 3 übrigen Eiern, der Butter, der Sahne und dem Xucker schaumig rühren. Das übrige Eigelb zum Bepinseln beiseitestellen.

Das Flohsamenschalenpulver mit dem Mandelmehl, dem Kokosmehl, dem Bambusfasermehl und dem Backpulver mischen.

Die Mischung mit dem Salz zu der flüssigen Masse geben und alles zu einem homogenen Teig verkneten. Gegebenenfalls noch etwas Wasser zugießen.

Den Teig in 6 Stücke teilen, zu flachen Brötchen formen und in die Mulden der Burger-Bun-Form geben. Alternativ von Hand zu Kugeln formen und leicht andrücken.

Die Teiglinge mit dem übrigen Eigelb bepinseln und mit Sesam bestreuen.

Die bestrichenen Burger-Buns im auf 160 °C (Umluft) vorgeheizten Backofen etwa 40 Minuten backen.

Die Buns aus dem Ofen nehmen und vor der weiteren Verwendung abkühlen lassen.

BESONDERE BROTE

MEDITERRANES TOMATENBROT

Ergibt 1 Brot

ZUTATEN

6 Eier
400 g stückige Tomaten (Dose)
100 g Goldleinsamenmehl
100 g Bambusfasermehl
+ etwas zum Bemehlen
30 g Flohsamenschalenpulver
30 g Kokosmehl
1 Päckchen Trockenhefe
1 EL Salz
½ TL Knoblauchpulver
3–4 EL getrockneter Oregano
1 TL gerebelter Rosmarin
1 EL getrocknetes Basilikum
2 EL Olivenöl

ZUBEREITUNG

Die Eier mit den Tomaten in einer Rührschüssel verrühren.

Das Goldleinsamenmehl mit dem Bambusfasermehl, dem Flohsamenschalenpulver und dem Kokosmehl mischen. Die Trockenhefe, das Salz, das Knoblauchpulver und die Kräuter dazugeben. Die Mischung zur Ei-Tomaten-Masse geben und verrühren. Falls der Teig zu trocken ist, nach und nach 100–200 ml Wasser zugießen. Das Olivenöl zufügen und alles zu einem homogenen Teig verkneten.

Den Teig zu einer Kugel formen und abgedeckt an einem warmen Ort etwa 60 Minuten gehen lassen.

Den aufgegangenen Teig noch einmal durchkneten, einen runden Laib formen, mit Bambusfasermehl bemehlen und oben nach Belieben einschneiden.

Das Tomatenbrot auf ein mit Backpapier ausgelegtes Backblech geben und im auf 180 °C (Umluft) vorgeheizten Backofen 60–70 Minuten backen.

Das fertige Brot aus dem Ofen nehmen und vor dem Anschneiden vollständig abkühlen lassen.

KÄSE-LAUGENSTANGEN MIT SPECK

Ergibt 12 Stück

ZUTATEN

6 Eier
250 g Quark 40 %
125 g Goldleinsamenmehl
75 g Bambusfasermehl
30 g Kokosmehl
30 g Flohsamenschalenpulver
1 Päckchen Trockenhefe
2 EL Salz
75 g Butterschmalz
200 g geriebener Käse
100 g Speckwürfel

AUSSERDEM

Natronlauge
(in Apotheken erhältlich)

ZUBEREITUNG

Die Eier mit dem Quark in einer Rührschüssel verrühren.

Das Goldleinsamenmehl mit dem Bambusfasermehl, dem Kokosmehl und dem Flohsamenschalenpulver mischen. Die Hefe und das Salz dazugeben. Die Mischung mit dem Butterschmalz und 300 ml wamem Wasser zur Ei-Quark-Masse geben und alles zu einem homogenen Teig verkneten.

Den Teig zu einer Kugel formen und abgedeckt an einem warmen Ort etwa 60 Minuten gehen lassen.

Den aufgegangenen Teig noch einmal durchkneten, in 12 Stücke teilen und zu Stangen formen.

Die Lauge mit Wasser verdünnen – der Laugengehalt sollte nur drei Prozent betragen. Die Teiglinge komplett in die Flüssigkeit tauchen und danach abtropfen lassen.

Die Teigstangen längs einschneiden und mit dem Käse und dem Speck bestreuen.

Die Laugenstangen auf ein mit Backpapier ausgelegtes Backblech geben und im auf 180 °C (Umluft) vorgeheizten Backofen etwa 30 Minuten backen.

Die Käse-Laugenstangen aus dem Ofen nehmen und vor dem Verzehr abkühlen lassen.

VORSICHT! Bei dem Gebrauch von Lauge Schutzvorkehrungen treffen (zum Beispiel Gummihandschuhe tragen). Siehe auch Hinweise auf Seite 143.

SPINATBRÖTCHEN

Ergibt 8 Stück

ZUTATEN

300 g TK-Blattspinat
4 Eier
200 g Frischkäse (Doppelrahmstufe)
150 g Goldleinsamenmehl
30 g Flohsamenschalenpulver
15 g Backpulver
1 TL Salz
Bambusfasermehl zum Bemehlen

ZUBEREITUNG

Den Spinat auftauen, das überschüssige Wasser ausdrücken und den Spinat pürieren.

Die Eier mit dem Frischkäse und dem Spinat in einer Rührschüssel verrühren.

Das Goldleinsamenmehl mit dem Flohsamenschalenpuvler, dem Backpulver und dem Salz mischen. Die Mischung zur Ei-Frischkäse-Spinat-Masse geben und alles zu einem homogenen Teig verkneten.

Den Teig in 8 Stücke teilen, zu Brötchen formen, mit Bambusfasermehl bemehlen und oben nach Belieben einschneiden.

Die Spinatbrötchen auf ein mit Backpapier ausgelegtes Backblech geben und im auf 180 °C (Umluft) vorgeheizten Backofen etwa 30 Minuten backen.

Die Spinatbrötchen aus dem Ofen nehmen und vor dem Verzehr abkühlen lassen.

OLIVENBROT

Ergibt 1 Brot

ZUTATEN

3 Eier
150 g Frischkäse (Doppelrahmstufe)
50 g Mandelmehl
50 g Bambusfasermehl
+ etwas mehr zum Wälzen
15 g Flohsamenschalenpulver
15 g Kokosmehl
7 g Trockenhefe
1 TL Salz
150–200 g trocken eingelegte Oliven ohne Stein

ZUBEREITUNG

Die Eier mit dem Frischkäse in einer Rührschüssel verrühren.

Das Mandelmehl mit dem Bambusfasermehl, dem Flohsamenschalenpulver und dem Kokosmehl mischen. Die Hefe und das Salz dazugeben. Die Mischung zur Ei-Frischkäse-Masse geben und gut vermengen. Nach und nach 100 ml warmes Wasser zugießen und alles zu einem homogenen Teig verkneten.

Die Oliven untermischen, den Teig zu einer Kugel formen und abgedeckt an einem warmen Ort etwa 60 Minuten gehen lassen.

Den aufgegangenen Teig noch einmal durchkneten, einen runden Laib formen, in Bambusfasermehl wälzen und oben nach Belieben einschneiden.

Das Olivenbrot auf ein mit Backpapier ausgelegtes Backblech geben und im auf 180 °C (Umluft) vorgeheizten Backofen etwa 60 Minuten backen.

Das Olivenbrot aus dem Ofen nehmen und vor dem Anschneiden vollständig abkühlen lassen.

TIPP: Vor dem Backen den Laib mit einem Küchengarn locker sternförmig verschnüren, sodass, wenn das Brot beim Backen aufgeht, eine Blütenform entsteht.

CHILIBROT

Ergibt 1 Brot

ZUTATEN

4 Eier
300 g Frischkäse (Doppelrahmstufe)
100 g Goldleinsamenmehl
50 g Kartoffelfasern
30 g Flohsamenschalenpulver
30 g Kokosmehl
15 g Backpulver
½ TL Brotgewürz
1 TL Salz
2–3 Chilischoten
50 g geriebener Parmesan

ZUBEREITUNG

Die Eier mit dem Frischkäse in einer Rührschüssel verrühren.

Das Goldleinsamenmehl mit den Kartoffelfasern, dem Flohsamenschalenpulver, dem Kokosmehl und dem Backpulver mischen. Das Brotgewürz und das Salz dazugeben. Die Mischung zur Ei-Frischkäse-Masse geben und gut vermengen. Nach und nach 100–200 ml warmes Wasser zugießen und alles zu einem weichen, gut formbaren Teig verkneten.

Die Chilischoten waschen, entkernen, in feine Ringe schneiden und mit dem Parmesan unter den Teig heben.

Den Teig zu einem runden Laib formen und oben nach Belieben einschneiden.

Das Chilibrot auf ein mit Backpapier ausgelegtes Backblech geben und im auf 180 °C (Umluft) vorgeheizten Backofen etwa 90 Minuten backen.

Das Chilibrot aus dem Ofen nehmen und vor dem Anschneiden vollständig abkühlen lassen.

TIPP: Wer es extrascharf mag, kann die Kerne in der Schote lassen.

ZWIEBELBAGUETTE

Ergibt 1 Baguette

ZUTATEN

200 g Zwiebeln
1 EL Butterschmalz
4 Eier
250 g Quark 40 %
100 g Goldleinsamenmehl
30 g Kokosmehl
30 g Flohsamenschalenpulver
50 g Kartoffelfasern
  + etwas mehr zum Einreiben
15 g Backpulver
1–2 TL Salz
grobes Salz zum Bestreuen

ZUBEREITUNG

Die Zwiebeln abziehen und fein würfeln.

Das Butterschmalz in einer Pfanne erhitzen und die Zwiebelstücke darin goldbraun anschwitzen. Abkühlen lassen.

Die Eier mit dem Quark in einer Rührschüssel verrühren.

Das Goldleinsamenmehl mit dem Kokosmehl, dem Flohsamenschalenpulver und den Kartoffelfasern mischen. Das Backpulver und das Salz dazugeben. Die Mischung zur Ei-Quark-Masse geben und gut vermengen. Nach und nach 200 ml warmes Wasser zugießen und alles zu einem homogenen Teig verkneten.

Die Zwiebeln untermischen. Den Teig zu einem Baguette formen (siehe S. 21) und mit Kartoffelfasern einreiben. Oben nach Belieben einschneiden und mit grobem Salz bestreuen.

Das Baguette auf ein mit Backpapier ausgelegtes Backblech geben und im auf 180 °C (Umluft) vorgeheizten Backofen etwa 90 Minuten backen.

Das Zwiebelbaguette aus dem Ofen nehmen und vor dem Anschneiden vollständig abkühlen lassen.

MACADAMIABROT

Ergibt 1 Brot

ZUTATEN

4 Eier
250 g Quark 40 %
1 TL Salz
100 g Macadamiamehl
100 g Mandelmehl
1 EL Guarkernmehl
15 g Backpulver
150 g Macadamianusskerne
Bambusfasermehl oder Kartoffelfasern zum Bestreuen

ZUBEREITUNG

Die Eier mit dem Quark und dem Salz in einer Rührschüssel verrühren.

Das Macadamiamehl mit dem Mandelmehl, dem Guarkernmehl und dem Backpulver mischen. Die Mischung zur Ei-Quark-Masse geben und gut vermengen. Nach und nach 100–150 ml warmes Wasser zugießen und alles zu einem homogenen Teig verkneten. Der Teig sollte etwas kleben.

Die Macadamianüsse grob hacken und unter den Teig heben.

Den Teig mit angefeuchteten Händen zu einem länglichen Laib formen, mit Bambusfasermehl oder Kartoffelfasern bemehlen und oben nach Belieben einschneiden.

Das Macadamiabrot auf ein mit Backpapier ausgelegtes Backblech geben und im auf 180 °C (Umluft) vorgeheizten Backofen etwa 90 Minuten backen.

Das Macadamiabrot aus dem Ofen nehmen und vor dem Anschneiden abkühlen lassen.

BUTTERMILCHBROT

Ergibt 1 Brot

ZUTATEN

3 Eier
300 ml lauwarme Buttermilch
50 g Mandelmehl
50 g Bambusfasermehl
+ mehr zum Wälzen
15 g Kokosmehl
15 g Flohsamenschalenpulver
7 g Trockenhefe
1 TL Salz

ZUBEREITUNG

Die Eier mit der Buttermilch in einer Rührschüssel verrühren.

Das Mandelmehl mit dem Bambusfasermehl, dem Kokosmehl und dem Flohsamenschalenpulver vermischen. Die Hefe und das Salz dazugeben. Die Mischung zur Ei-Buttermilch-Masse geben und alles zu einem homogenen Teig verkneten.

Den Teig zu einer Kugel formen und abgedeckt an einem warmen Ort etwa 60 Minuten gehen lassen.

Den aufgegangenen Teig noch einmal durchkneten, einen runden Laib formen, in Bambusfasermehl wälzen und oben nach Belieben einschneiden.

Das Buttermilchbrot auf ein mit Backpapier ausgelegtes Backblech geben und im auf 180 °C (Umluft) vorgeheizten Backofen etwa 60 Minuten backen.

Das Buttermilchbrot aus dem Ofen nehmen und vor dem Anschneiden vollständig abkühlen lassen.

KRÄUTERBROT

Ergibt 1 Brot

ZUTATEN

4 Eier
250 g Quark 40 %
50 g Kartoffelfasern
+ etwas mehr zum Wälzen
150 g Goldleinsamenmehl
30 g Kokosmehl
30 g Flohsamenschalenpulver
15 g Backpulver
1 TL Salz
2 Zweige frischer Rosmarin
2 Zweige frischer Thymian
2 Zweige frischer Oregano
1 TL gemahlener Kümmel

ZUBEREITUNG

Die Eier mit dem Quark in einer Rührschüssel verrühren.

Die Kartoffelfasern mit dem Goldleinsamenmehl, dem Kokosmehl und dem Flohsamenschalenpulver mischen. Das Backpulver und das Salz dazugeben.

Die Kräuter waschen und trockenschütteln. Die Blätter und Nadeln zupfen und mit dem Kümmel der Mehlmischung zufügen.

Die Mischung zur Ei-Quark-Masse geben und gut vermengen. Nach und nach 200 ml warmes Wasser zugießen und alles zu einem homogenen Teig verkneten.

Den Teig zu einem ovalen Laib formen, in Kartoffelfasern wälzen und oben nach Belieben einschneiden oder ein Muster einritzen.

Das Kräuterbrot auf ein mit Backpapier ausgelegtes Backblech geben und im auf 180 °C (Umluft) vorgeheizten Backofen etwa 90 Minuten backen.

Das Kräuterbrot aus dem Ofen nehmen und vor dem Anschneiden abkühlen lassen.

KÜMMELSTANGEN

Ergibt 6–8 Stück

ZUTATEN

4 Eier
250 g Quark 40 %
100 g Mandelmehl
50 g Kartoffelfasern
30 g Kokosmehl
40 g Flohsamenschalenpulver
15 g Kümmel
15 g Backpulver
1 TL feines Salz
2 EL Rapsöl
+ etwas mehr zum Bepinseln
grobes Salz zum Bestreuen

ZUBEREITUNG

Die Eier mit dem Quark in einer Rührschüssel verrühren.

Das Mandelmehl mit den Kartoffelfasern, dem Kokosmehl, dem Flohsamenschalenpulver und dem Kümmel mischen. Das Backpulver und das feine Salz dazugeben. Die Mischung zur Ei-Quark-Masse geben und gut vermengen. Nach und nach 100 ml warmes Wasser zugießen, das Rapsöl zufügen und alles zu einem homogenen Teig verkneten.

Sollte der Teig zu trocken sein, noch etwas Wasser zugießen.

Den Teig in 6–8 Stücke teilen, zu Stangen formen, mit etwas Rapsöl bepinseln und mit grobem Salz bestreuen.

Die Kümmelstangen auf ein mit Backpapier ausgelegtes Backblech geben und im auf 180 °C (Umluft) vorgeheizten Backofen 40–45 Minuten backen.

Die Kümmelstangen aus dem Ofen nehmen und vor dem Verzehr abkühlen lassen.

KÜRBISBRÖTCHEN

Ergibt 8–12 Stück

ZUTATEN

300 g Hokkaidokürbis
(alternativ Butternutkürbis, geschält)
4 Eier
250 g Quark 40 %
50 g Kartoffelfasern
+ etwas mehr zum Wälzen
100 g Goldleinsamenmehl
30 g Flohsamenschalenpulver
30 g Kokosmehl
1 TL Salz
15 g Backpulver

ZUBEREITUNG

Den Kürbis waschen und halbieren. Das faserige Innere und die Kerne mit einem Löffel entfernen. Das Kürbisfleisch grob würfeln.

Den Kürbis in einen großen Topf mit heißem Wasser geben und bei niedriger Temperatur in etwa 20 Minuten weich kochen. Abseihen und den Kürbis in einem Mixer oder mit einem Stabmixer fein pürieren. Abkühlen lassen.

Die Eier mit dem Quark in einer Rührschüssel verrühren und das abgekühlte Kürbispüree unterrühren.

Die Kartoffelfasern mit dem Goldleinsamenmehl, dem Flohsamenschalenpulver und dem Kokosmehl mischen. Das Salz und das Backpulver dazugeben. Die Mischung zur Quark-Kürbis-Masse geben und gut vermengen. Nach und nach 100–150 ml lauwarmes Wasser zugießen und alles zu einem homogenen Teig verkneten.

Den Teig in 8–12 Stücke teilen, zu Brötchen formen, in Kartoffelfasern wälzen und oben nach Belieben einschneiden.

Die Kürbisbrötchen auf ein mit Backpapier ausgelegtes Backblech geben und im auf 180 °C (Umluft) vorgeheizten Backofen etwa 45 Minuten backen.

Die Kürbisbrötchen aus dem Ofen nehmen und vor dem Verzehr abkühlen lassen.

SESAMRINGE

Ergibt 10 Stück

ZUTATEN

4 Eier
250 g Quark 40 %
100 g weiche Butter
30 g Flohsamenschalenpulver
30 g Kokosmehl
50 g Mandelmehl
70 g Bambusfasermehl
1 Päckchen Trockenhefe
Salz
200 ml lauwarme Milch
1 Eigelb, verquirlt
weißer Sesam zum Bestreuen

ZUBEREITUNG

Die Eier mit dem Quark und der Butter in einer Rührschüssel vermengen.

Das Flohsamenschalenpulver mit dem Kokosmehl, dem Mandelmehl und dem Bambusfasermehl mischen. Die Hefe und das Salz dazugeben. Die Mischung zur Ei-Quark-Masse geben und gut vermengen. Die Milch zugießen und alles zu einem homogenen Teig verkneten. Bei Bedarf etwas Wasser zufügen.

Den Teig zu einer Kugel formen und abgedeckt an einem warmen Ort etwa 60 Minuten gehen lassen.

Den aufgegangenen Teig noch einmal durchkneten, in 10 Stücke teilen, zu 2–3 cm dicken Strängen rollen und diese zu Ringen formen. Auf ein mit Backpapier ausgelegtes Backblech geben, mit dem Eigelb bepinseln und mit Sesam bestreuen.

Die Sesamringe im auf 160 °C (Umluft) vorgeheizten Backofen etwa 30 Minuten backen.

Die Sesamringe aus dem Ofen nehmen und vor dem Verzehr abkühlen lassen.

SÜSSE BROTREZEPTE

SCHOKOHÖRNCHEN

Ergibt 6–8 Stück

ZUTATEN

3 Eier
130 g Quark 40 %
30 g Flohsamenschalenpulver
30 g Kokosmehl
50 g Mandelmehl
50 g Bambusfasermehl
+ etwas mehr zum Bemehlen
1 Päckchen Trockenhefe
½–1 EL Salz
150 ml lauwarme Milch
Low-Carb-Nuss-Nougat-Creme
1 Eigelb, verquirlt
Pudererythrit (optional)

ZUBEREITUNG

Die Eier mit dem Quark in einer Rührschüssel verrühren.

Das Flohsamenschalenpulver mit dem Kokosmehl, dem Mandelmehl und dem Bambusfasermehl mischen. Die Hefe und das Salz dazugeben. Die Mischung zur Ei-Quark-Masse geben und gut vermengen. Die Milch zugießen und alles zu einem homogenen Teig verkneten.

Sollte der Teig zu fest sein, etwas Wasser zufügen.

Den Teig zu einer Kugel formen und abgedeckt an einem warmen Ort etwa 60 Minuten gehen lassen.

Den aufgegangenen Teig noch einmal durchkneten und auf einer mit Bambusfasermehl bemehlten Arbeitsfläche zu einer runden, dünnen Platte ausrollen. Wenn der Teig zu sehr klebt, mit Bambusfasermehl bemehlen.

Die Teigplatte in 6–8 »Tortenstückchen« schneiden und je einen Klecks Nuss-Nougat-Creme daraufgeben. Die Teigstücke von der breiten Seite aus fest aufrollen, die äußeren Spitzen zusammendrehen und die Hörnchen mit dem Eigelb bepinseln.

Die Schokohörnchen auf ein mit Backpapier ausgelegtes Backblech geben und im auf 180 °C (Umluft) vorgeheizten Backofen 20–30 Minuten backen.

Die Schokohörnchen aus dem Ofen nehmen und vor dem Verzehr abkühlen lassen.

Nach Belieben mit Pudererythrit bestäuben.

KOKOSBROT

Ergibt I Brot

ZUTATEN

4 Eier
400 ml Kokosmilch (Dose)
1–2 TL Salz
120 g Kokosmehl
15 g Backpulver
30 g Flohsamenschalenpulver

AUSSERDEM

Kastenform (30 cm), gefettet

ZUBEREITUNG

Die Eier mit der Kokosmilch und dem Salz in einer Rührschüssel verrühren.

Das Kokosmehl mit dem Backpulver und dem Flohsamenschalenpulver mischen. Die Mischung zur Ei-Kokosmilch-Masse geben und alles zu einem homogenen Teig verkneten.

Den Teig zu einem länglichen Laib formen und in die Kastenform geben.

Das Kokosbrot im auf 180 °C (Umluft) vorgeheizten Backofen etwa 45 Minuten backen.

Gegen Ende der Backzeit eine Stäbchenprobe machen.

Das Kokosbrot aus dem Ofen nehmen und vor dem Anschneiden vollständig abkühlen lassen.

BUTTERMILCH-MANDEL-SCONES

Ergibt 15 Stück

ZUTATEN

3 Eier
250 ml Buttermilch
50 g Xylit
125 g Butter
200 gemahlene und blanchierte Mandelkerne
30 g Kokosmehl
30 g Flohsamenschalenpulver
15 g Backpulver
1 Prise Salz
1 Eigelb, verquirlt
50 g Mandelsplitter

AUSSERDEM

Kreisausstecher (Ø 5 cm)

ZUBEREITUNG

Die Eier mit der Buttermilch und dem Xylit in einer Rührschüssel verrühren. Die Butter klein würfeln und unter Rühren zugeben.

Die Mandeln mit dem Kokosmehl, dem Flohsamenschalenpulver und dem Backpulver mischen. Das Salz dazugeben. Die Mischung zur Ei-Buttermilch-Masse geben und alles zu einem homogenen Teig verkneten.

Den Teig 2–3 cm dick ausrollen, 15 Kreise ausstechen, mit dem verquirlten Eigelb bepinseln und mit den Mandelsplittern bestreuen.

Die Scones auf ein mit Backpapier ausgelegtes Backblech geben und im auf 160 °C (Umluft) vorgeheizten Backofen 20–30 Minuten backen.

Die Buttermilch-Mandel-Scones aus dem Ofen nehmen und vor dem Verzehr abkühlen lassen.

TIPP: Die Scones mit ausreichend Abstand auf das Backblech legen. Sie gehen beim Backen in die Breite auf.

FRANZBRÖTCHEN

Ergibt 8 Stück

ZUTATEN

250 g Butter
3 Eier
125 g Quark 40 %
150 g Xylit
50 g Mandelmehl
50 g Bambusfasermehl
+ mehr zum Bemehlen
15 g Kokosmehl
15 g Flohsamenschalenpulver
7 g Trockenhefe
1 Prise Salz
100–150 ml lauwarme Milch
2 TL Zimt

ZUBEREITUNG

Die Butter halbieren. Die eine Hälfte Zimmertemparatur annehmen lassen, die andere Hälfte fein würfeln und wieder kalt stellen.

Die Eier mit dem Quark und 75 g Xylit in einer Rührschüssel verrühren.

Das Mandelmehl mit dem Bambusfasermehl, dem Kokosmehl und dem Flohsamenschalenpulver mischen. Die Hefe und das Salz dazugeben. Die Mischung zur Ei-Quark-Xylit-Masse geben und gut vermengen. Die Milch unter Rühren zugießen und alles zu einem homogenen Teig verkneten.

Den Teig zu einer Kugel formen und abgedeckt an einem warmen Ort etwa 60 Minuten gehen lassen.

Den aufgegangenen Teig mit der kalten Butter verkneten. Den Teig auf einer mit Bambusfasermehl bemehlten Arbeitsfläche ausrollen und von allen vier Seiten einklappen. Für 30 Minuten in den Kühlschrank geben. Wieder ausrollen und einklappen. Diesen Schritt viermal wiederholen. Wenn der Teig klebt, immer wieder mit Bambusfasermehl bemehlen. Dann zu einem 5 mm dicken Rechteck ausrollen.

Die warme Butter mit dem übrigen Xylit und dem Zimt verrühren und den Teig damit bestreichen.

Den Teig fest aufrollen und in 8 trapezförmige Stücke teilen. Mit einem Kochlöffelstiel auf die Mitte der kurzen Seite drücken, sodass sich die eingerollten Seiten leicht nach oben heben.

Die Franzbrötchen auf ein mit Backpapier ausgelegtes Backblech geben und im auf 160 °C (Umluft) vorgeheizten Backofen etwa 30 Minuten backen.

Die Franzbrötchen aus dem Ofen nehmen und vor dem Verzehr abkühlen lassen.

CRANBERRY-ROSMARIN-BRIOCHE

Ergibt I Brioche

ZUTATEN

3 Eier
125 g Quark 40%
50 g Xylit
50 g Bambusfasermehl
50 g Mandelmehl
15 g Flohsamenschalenpulver
15 g Kokosmehl
½ Päckchen Trockenhefe
1 Prise Salz
1 TL gemahlener Rosmarin
50 g weiche Butter
125 g frische Cranberrys
1 Eigelb
1 EL Milch

AUSSERDEM

Kastenform (20 cm), gefettet

ZUBEREITUNG

Die Eier mit dem Quark und dem Xylit in einer Rührschüssel verrühren.

Das Bambusfasermehl mit dem Mandelmehl, dem Flohsamenschalenpulver und dem Kokosmehl mischen. Die Hefe und das Salz dazugeben. Die Mischung mit dem Rosmarin und der Butter zur Ei-Quark-Masse geben und gut vermengen. Nach und nach 100–150 ml warmes Wasser zugießen und alles zu einem homogenen Teig verkneten.

Die Cranberrys untermischen, den Teig zu einer Kugel formen und abgedeckt an einem warmen Ort etwa 60 Minuten gehen lassen.

Den aufgegangenen Teig noch einmal durchkneten, zu einem länglichen Laib formen und in die Kastenform geben.

Das Eigelb mit der Milch verquirlen und den Laib damit bepinseln.

Die Brioche im auf 160 °C (Umluft) vorgeheizten Backofen etwa 60 Minuten backen.

Die Cranberry-Rosmarin-Brioche aus dem Ofen nehmen, aus der Form lösen und vor dem Anschneiden abkühlen lassen.

SÜSSE BREZELN

Ergibt 8–9 Stück

ZUTATEN

3 Eier
125 g Quark 40 %
50 g Xylit
50 g Mandelmehl
50 g Bambusfasermehl
15 g Kokosmehl
15 g Flohsamenschalenpulver
½ Päckchen Trockenhefe
1 Prise Salz
1 Eigelb
100 g zuckerfreie Zartbitter-Schokoladen-Drops
1 EL Schlagsahne

ZUBEREITUNG

Die Eier mit dem Quark und dem Xylit in einer Rührschüssel verrühren.

Das Mandelmehl mit dem Bambusfasermehl, dem Kokosmehl und dem Flohsamenschalenpulver mischen. Die Hefe und das Salz dazugeben. Die Mischung zur Ei-Quark-Masse geben und gut vermengen. Nach und nach 100–150 ml warmes Wasser zugießen und alles zu einem homogenen Teig verkneten.

Den Teig zu einer Kugel formen und abgedeckt an einem warmen Ort etwa 60 Minuten gehen lassen.

Den aufgegangenen Teig noch einmal durchkneten, in 8–9 Stücke teilen und zu Kugeln formen. Die Kugeln zu 30–35 cm langen Strängen rollen, die zu den Enden hin dünner werden.

Die Stränge zu Brezeln formen und auf ein mit Backpapier ausgelegtes Backblech geben.

Das Eigelb mit 1 EL Wasser verquirlen, die Brezeln damit bepinseln und das dicke Mittelstück einschneiden.

Die Brezeln im auf 160 °C (Umluft) vorgeheizten Backofen 20–30 Minuten backen.

Die gebackenen Brezeln auf einer mit Backpapier ausgelegten Arbeitsfläche abkühlen lassen.

Die Schokodrops über einem Wasserbad schmelzen, die Sahne dazugeben und verrühren.

Das dicke Mittelstück der Brezeln mit der Schokolade überziehen.

Die süßen Brezeln genießen, wenn die Schokolade abgekühlt und erhärtet ist.

LEOPARDENBROT

Ergibt 1 Brot

ZUTATEN

9 Eier
375 g Quark 40 %
150 g Xylit
150 g Mandelmehl
150 g Bambusfasermehl
45 g Kokosmehl
45 g Flohsamenschalenpulver
1 ½ Päckchen Trockenhefe
1 Prise Salz
400–450 ml warme Milch
70 g Kakaopulver
1 Eigelb

AUSSERDEM

Kastenform (30 cm), gefettet

ZUBEREITUNG

Die Eier mit dem Quark und dem Xylit in einer Rührschüssel verrühren.

Das Mandelmehl mit dem Bambusfasermehl, dem Kokosmehl und dem Flohsamenschalenpulver mischen. Die Hefe und das Salz dazugeben. Die Mischung zur Ei-Quark-Masse geben und gut vermengen. Die Milch zugießen und alles zu einem homogenen Teig verkneten.

Zwei Drittel des Teigs abnehmen und zu einer Kugel formen. Den übrigen Teig mit 20 g Kakaopulver gleichmäßig vermengen. Davon ein Drittel abnehmen und zu einer Kugel formen. Den übrigen hellbraunen Teig mit dem restlichen Kakaopulver gleichmäßig vermengen und zu einer Kugel formen.

Die Teigkugeln abgedeckt an einem warmen Ort etwa 60 Minuten gehen lassen.

Die aufgegangenen Teigkugeln jeweils in 12 Stücke teilen und diese zu Strängen formen, die etwa so lang wie die Kastenform sind.

Die dunkelbraunen Stränge ausrollen und je einen hellbraunen Strang darin einwickeln, sodass sie vollständig umschlossen sind.

Dann die hellen Stränge ausrollen und je einen braunen Strang darin einwickeln.

Die Kastenform mit den Teigsträngen belegen. Das Eigelb mit 2 EL Wasser verquirlen und das Brot damit bepinseln.

Das Leopardenbrot im auf 160 °C (Umluft) vorgeheizten Backofen etwa 60 Minuten backen.

Das Leopardenbrot aus dem Ofen nehmen, aus der Form lösen und vor dem Anschneiden abkühlen lassen.

SCHOKOBRÖTCHEN

Ergibt 8 Stück

ZUTATEN

3 Eier
125 g Quark 40 %
75 g Xylit
50 g Mandelmehl
15 g Kokosmehl
15 g Flohsamenschalenpulver
50 g Bambusfasermehl
1 Päckchen Trockenhefe
1 Prise Salz
100 g zuckerfreie Zartbitter-Schokoladen-Drops
1 Eigelb

ZUBEREITUNG

Die Eier mit dem Quark und dem Xylit in einer Rührschüssel verrühren.

Das Mandelmehl mit dem Kokosmehl, dem Flohsamenschalenpulver und dem Bambusfasermehl mischen. Die Hefe und das Salz dazugeben. Die Mischung zur Ei-Quark-Masse geben und gut vermengen. Nach und nach 100–150 ml warmes Wasser zugießen und alles zu einem homogenen Teig verkneten.

Den Teig zu einer Kugel formen und abgedeckt an einem warmen Ort etwa 60 Minuten gehen lassen.

Den aufgegangenen Teig noch einmal durchkneten und die Schokodrops untermischen.

Das Eigelb mit 1 EL Wasser verquirlen. Den Teig in 8 Stücke teilen, zu Brötchen formen und mit dem Eigelb bepinseln.

Die Schokobrötchen auf ein mit Backpapier ausgelegtes Backblech geben und im auf 160 °C (Umluft) vorgeheizten Backofen etwa 30 Minuten backen.

Die Schokobrötchen aus dem Ofen nehmen und vor dem Verzehr abkühlen lassen.

APFELBRÖTCHEN

Ergibt 8 Stück

ZUTATEN

3 Eier
250 g Quark 40 %
100 g Xylit
100 g Mandelmehl
30 g Kokosmehl
30 g Flohsamenschalenpulver
15 g Backpulver
1 Prise Salz
2 Äpfel

ZUBEREITUNG

Die Eier mit dem Quark und dem Xylit in einer Rührschüssel verrühren.

Das Mandelmehl mit dem Kokosmehl und dem Flohsamenschalenpulver mischen. Das Backpulver und das Salz dazugeben. Die Mischung zur Ei-Quark-Masse geben und alles zu einem homogenen Teig verkneten. Bei Bedarf noch etwas Wasser zugießen.

Die Äpfel waschen, schälen, entkernen, fein würfeln und unter den Teig mischen.

Den Teig in 8 Stücke teilen und zu ovalen Brötchen formen.

Die Apfelbrötchen auf ein mit Backpapier ausgelegtes Backblech geben und im auf 180 °C (Umluft) vorgeheizten Backofen etwa 30 Minuten backen.

Die Apfelbrötchen aus dem Ofen nehmen und vor dem Verzehr abkühlen lassen.

PARTYBROT UND FINGERFOOD

GLÜCKSSCHWEINCHEN

Ergibt 25–30 Stück

ZUTATEN

250 g weiche Butter
250 g Quark 40 %
30 g Flohsamenschalenpulver
50 g Goldleinsamenmehl
30 g Bambusfasermehl
+ etwas mehr zum Bemehlen
½ TL Salz
1 Eigelb

AUSSERDEM

Kreisausstecher
(Ø 5 cm und 2 ½ cm)

ZUBEREITUNG

Die Butter mit dem Quark in einer Rührschüssel verrühren.

Das Flohsamenschalenpulver mit dem Goldleinsamenmehl und dem Bambusfasermehl mischen. Das Salz dazugeben. Die Mischung zur Butter-Quark-Masse geben und alles zu einem homogenen Teig verkneten.

Den Teig in Frischhaltefolie wickeln und etwa 30 Minuten kalt stellen.

Den gekühlten Teig noch einmal durchkneten und auf einer mit Bambusfasermehl bemehlten Arbeitsfläche dünn ausrollen. Mit dem größeren Kreisausstecher 25–30 Kreise ausstechen. Mit dem kleineren Kreisausstecher doppelt so viele Kreise vorbereiten. Die Hälfte der kleinen Kreise halbieren.

Die großen Kreise auf ein mit Backpapier ausgelegtes Backblech geben und die kleinen Kreise und Halbkreise als »Rüssel« und »Ohren« auflegen.

Das Eigelb mit 1 EL Wasser verquirlen und den Teig damit bepinseln. Dann mit einem Stäbchen je zwei Löcher für die »Augen« und die »Nasenlöcher« eindrücken.

Die Glücksschweinchen im auf 160 °C (Umluft) vorgeheizten Backofen 30–40 Minuten backen.

Die Glücksschweinchen aus dem Ofen nehmen und vor dem Verzehr abkühlen lassen.

BÄRLAUCHBRIOCHE

Ergibt 1 Brioche

ZUTATEN

6 Eier
250 g Quark 40 %
100 g weiche Butter
100 g Xylit
100 g Mandelmehl
30 g Kokosmehl
100 g Bambusfasermehl
30 g Flohsamenschalenpulver
1 Päckchen Trockenhefe
Salz
200 ml warme Milch
100 g Bärlauch
50 ml Olivenöl
50 g Parmesan
1 Eigelb

ZUBEREITUNG

Die Eier mit dem Quark, der Butter und dem Xylit in einer Rührschüssel verrühren.

Das Mandelmehl mit dem Kokosmehl, dem Bambusfasermehl und dem Flohsamenschalenpulver mischen. Die Hefe und 1 TL Salz dazugeben. Die Mischung mit der Milch zur Ei-Quark-Butter-Masse geben und alles zu einem homogenen Teig verkneten.

Den Teig zu einer Kugel formen und abgedeckt an einem warmen Ort etwa 60 Minuten gehen lassen.

Den Bärlauch waschen und trockenschütteln. Das Öl mit dem Parmesan und dem Bärlauch in einem Mixer zu einem Pesto pürieren und mit Salz abschmecken.

Den aufgegangenen Teig noch einmal durchkneten und in 3 Stücke teilen. Die Teigstücke jeweils zu etwa 60 x 40 cm großen Rechtecken dünn ausrollen, mit dem Pesto bestreichen und von den breiten Seiten aus zu Teigsträngen fest aufrollen.

Die Teigstränge zu einem Zopf flechten (siehe S. 20). Das Eigelb mit 1 EL Wasser verquirlen, den Zopf damit bepinseln und von oben nach unten mehrfach schräg einschneiden, sodass die Füllung sichtbar wird.

Die Brioche auf ein mit Backpapier ausgelegtes Backblech geben und im auf 160 °C (Umluft) vorgeheizten Backofen etwa 60 Minuten backen.

Die Bärlauchbrioche aus dem Ofen nehmen und vor dem Anschneiden vollständig abkühlen lassen.

SONNENBLUMENKERN-KRINGEL

Ergibt 25–30 Stück

ZUTATEN

4 Eier
250 g Frischkäse (Doppelrahmstufe)
50 g Sonnenblumenkernmehl
50 g Mandelmehl
50 g Kartoffelfasern
30 g Flohsamenschalenpulver
30 g Kokosmehl
1 Päckchen Backpulver
1 TL Salz
Sonnenblumenkerne zum Bestreuen

AUSSERDEM

runde Ausstecher
(Ø 2 cm und 4 cm)

ZUBEREITUNG

Die Eier mit dem Frischkäse in einer Rührschüssel verrühren.

Das Sonnenblumenkernmehl mit dem Mandelmehl, den Kartoffelfasern, dem Flohsamenschalenpulver und dem Kokosmehl mischen. Das Backpulver und das Salz dazugeben. Die Mischung zur Ei-Frischkäse-Masse geben und gut vermengen. Bei Bedarf etwas warmes Wasser zugießen und alles zu einem homogenen Teig verkneten.

Den Teig auf einer Silikonmatte oder Backpapier 2 cm dick ausrollen.

Mit dem größeren Kreisausstecher 25–30 Kreise ausstechen. Mit dem kleineren Kreisausstecher die Mitte der Teigkreise ausstanzen, sodass Kringel entstehen.

Die Kringel auf ein mit Backpapier ausgelegtes Backblech geben, mit Sonnenblumenkernen bestreuen und im auf 180 °C (Umluft) vorgeheizten Backofen 20–30 Minuten backen.

Die Sonnenblumenkern-Kringel aus dem Ofen nehmen und vor dem Verzehr abkühlen lassen.

SPECKSTANGEN

Ergibt 20 Stück

ZUTATEN

3 Eier
150 g Frischkäse (Doppelrahmstufe)
60 g Goldleinsamenmehl
50 g Bambusfasermehl
15 g Flohsamenschalenpulver
15 g Kokosmehl
1 Päckchen Trockenhefe
1 TL Salz
20 Scheiben Bacon
1 Eigelb

ZUBEREITUNG

Die Eier mit dem Frischkäse in einer Rührschüssel verrühren.

Das Goldleinsamenmehl mit dem Bambusfasermehl, dem Flohsamenschalenpulver und dem Kokosmehl mischen. Die Hefe und das Salz dazugeben. Die Mischung zur Ei-Frischkäse-Masse geben und gut vermengen. Nach und nach 100–150 ml lauwarmes Wasser zugießen und alles zu einem homogenen Teig verkneten.

Den Teig zu einer Kugel formen und abgedeckt an einem warmen Ort etwa 60 Minuten gehen lassen.

Den aufgegangenen Teig noch einmal durchkneten und dünn ausrollen, etwa so breit wie die Baconscheiben lang sind. Die Teigplatte in 20 Streifen schneiden, mit dem Bacon belegen und zu kleinen Zwirbeln drehen.

Die Stangen auf ein mit Backpapier ausgelegtes Backblech geben. Das Eigelb mit 1 EL Wasser verquirlen und die Stangen damit bepinseln.

Die Speckstangen im auf 180 °C (Umluft) vorgeheizten Backofen etwa 30 Minuten backen.

Die Speckstangen aus dem Ofen nehmen und vor dem Verzehr abkühlen lassen.

CHORIZO-TOMATEN-BROT

Ergibt 1 Brot

ZUTATEN

200 g Chorizo
80 g getrocknete Tomaten
4 Eier
250 g Quark 40 %
50 g Bambusfasermehl
30 g Flohsamenschalenpulver
100 g Mandelmehl
15 g Backpulver
2 EL Olivenöl

AUSSERDEM

Aioli zum Servieren

ZUBEREITUNG

Die Haut der Chorizo abziehen und entfernen. Die Chorizo und die Tomaten sehr fein würfeln oder in einem Mixer zerkleinern.

Die Eier mit dem Quark in einer Rührschüssel verrühren.

Das Bambusfasermehl mit dem Flohsamenschalenpulver und dem Mandelmehl mischen. Das Backpulver zugeben. Die Mischung zur Ei-Quark-Masse geben und gut vermengen. Das Olivenöl zugießen und alles zu einem homogenen Teig verkneten. Bei Bedarf etwas Wasser zugießen.

Die Chorizo und die Tomaten untermischen und einen länglichen Laib formen.

Das Chorizo-Tomaten-Brot auf ein mit Backpapier ausgelegtes Backblech geben und im auf 180 °C (Umluft) vorgeheizten Backofen etwa 80 Minuten backen.

Das Chorizo-Tomaten-Brot aus dem Ofen nehmen und vor dem Anschneiden abkühlen lassen.

Mit Aioli servieren.

ELSÄSSER BAGUETTE

Ergibt 1 Baguette

ZUTATEN

3 Eier
120 g Griechischer Joghurt
50 g Bambusfasermehl
+ etwas mehr zum Bemehlen
50 g Mandelmehl
15 g Flohsamenschalenpulver
15 g Kokosmehl
1 Päckchen Trockenhefe
1 EL Salz
½ Bund Lauchzwiebeln
200 g Schmand
125 g Schinkenwürfel

ZUBEREITUNG

Die Eier mit dem Joghurt in einer Rührschüssel verrühren.

Das Bambusfasermehl mit dem Mandelmehl, dem Flohsamenschalenpulver und dem Kokosmehl mischen. Die Hefe und das Salz dazugeben. Die Mischung zur Ei-Joghurt-Masse geben und gut vermengen. Nach und nach 100–150 ml warmes Wasser zugießen und alles zu einem homogenen Teig verkneten.

Den Teig zu einer Kugel formen und abgedeckt an einem warmen Ort etwa 60 Minuten gehen lassen.

Den aufgegangenen Teig noch einmal durchkneten und auf einer Silikonmatte oder Backpapier zu einem 60 x 40 cm großen Rechteck etwa ½ cm dick ausrollen.

Die Lauchzwiebeln putzen, waschen und in feine Ringe schneiden. Die Teigplatte mit dem Schmand bestreichen und die Schinkenwürfel und die Lauchzwiebeln darüber verteilen.

Den belegten Teig von der breiten Seite aus fest aufrollen, die Enden gut verschließen, mit Bambusfasermehl bemehlen und oben nach Belieben leicht einschneiden.

Das Baguette auf ein mit Backpapier ausgelegtes Backblech geben und im auf 180 °C (Umluft) vorgeheizten Backofen etwa 40 Minuten backen.

Das Elsässer Baguette aus dem Ofen nehmen und vor dem Anschneiden abkühlen lassen.

PESTOSTERN

Ergibt 1 Stern

ZUTATEN

3 Eier
130 g Quark 40 %
50 g Bambusfasermehl
50 g Mandelmehl
30 g Flohsamenschalenpulver
30 g Kokosmehl
1 Päckchen Trockenhefe
1 TL Salz
100–150 ml lauwarme Milch
190 g grünes Pesto
1 Eigelb, verquirlt

ZUBEREITUNG

Die Eier mit dem Quark in einer Rührschüssel verrühren.

Das Bambusfasermehl mit dem Mandelmehl, dem Flohsamenschalenpulver und dem Kokosmehl mischen. Die Hefe und das Salz dazugeben. Die Mischung mit der Milch zur Ei-Quark-Masse geben und alles zu einem homogenen Teig verkneten.

Falls der Teig zu bröckelig ist, noch etwas Wasser zugießen. Den Teig zu einer Kugel formen und abgedeckt an einem warmen Ort etwa 60 Minuten gehen lassen.

Den aufgegangenen Teig noch einmal durchkneten und in 4 Stücke teilen und zu Kugeln formen. Die Kugeln sehr dünn rund ausrollen und mithilfe eines Tellers zu gleichmäßigen Kreisen schneiden.

Einen Teigkreis mit einem Drittel des Pestos bestreichen und einen weiteren Teigkreis darauflegen. Diesen wieder mit einem Drittel des Pestos bestreichen und einen weiteren Teigkreis darauflegen. Das übrige Pesto darauf verteilen und mit dem letzten Teigkreis bedecken.

Ein kleines Glas (z. B. ein Schnapsglas) mittig auf die geschichteten Teigplatten stellen. Den Teig zu 16 »Tortenstücken« bis zum Glas hin einschneiden, sodass die Stücke in der Mitte verbunden bleiben.

Je zwei nebeneinanderliegende Stücke in entgegengesetzte Richtung zweimal eindrehen. Die Ecken der Teigstückenden einklappen.

Den Pestostern auf ein mit Backpapier ausgelegtes Backblech geben, mit dem Eigelb bepinseln und im auf 180 °C (Umluft) vorgeheizten Backofen etwa 60 Minuten backen. Vor dem Verzehr abkühlen lassen.

STOCKBROTE

Ergibt etwa 15 Stück

ZUTATEN

3 Eier
150 g Frischkäse (Doppelrahmstufe)
60 g Goldleinsamenmehl
45 g Bambusfasermehl
15 g Flohsamenschalenpulver
15 g Kokosmehl
1 Päckchen Trockenhefe
1 TL Salz

AUSSERDEM

Schaschlikspieße
Grill / Holzkohlengrill
Schmand, nach Belieben gewürzt (optional)

ZUBEREITUNG

Die Eier mit dem Frischkäse in einer Rührschüssel verrühren.

Das Goldleinsamenmehl mit dem Bambusfasermehl, dem Flohsamenschalenpulver und dem Kokosmehl mischen. Die Hefe und das Salz dazugeben. Die Mischung zur Ei-Frischkäse-Masse geben und gut vermengen. Nach und nach 100–150 ml warmes Wasser zugießen und alles zu einem homogenen Teig verkneten.

Den Teig zu einer Kugel formen und abgedeckt an einem warmen Ort etwa 60 Minuten gehen lassen.

Den aufgegangenen Teig noch einmal durchkneten, in 15 Stücke teilen und zu Kugeln formen.

Die Kugeln zu Strängen rollen und jeweils um einen Schaschlikspieß wickeln.

Die Stockbrote auf den heißen Grill legen und in 10–15 Minuten rundherum bräunen. Nach Belieben mit Schmand servieren.

TIPP: Die Teigstränge um einen längeren Stock gewickelt über der Glut eines Lagerfeuers backen.

POĞAÇA – TÜRKISCHE HEFEBRÖTCHEN

Ergibt 8–9 Stück

ZUTATEN

3 Eier
125 g Quark 40 %
50 g Mandelmehl
50 g Bambusfasermehl
15 g Kokosmehl
15 g Flohsamenschalenpulver
7 g Trockenhefe
Salz
1 Bund Petersilie
200 g Feta
schwarzer Pfeffer aus der Mühle
1 Eigelb, verquirlt
schwarzer Sesam zum Bestreuen

ZUBEREITUNG

Die Eier mit dem Quark in einer Rührschüssel verrühren.

Das Mandelmehl mit dem Bambusfasermehl, dem Kokosmehl und dem Flohsamenschalenpulver mischen. Die Hefe und 1 TL Salz dazugeben. Die Mischung zur Ei-Quark-Masse geben und gut vermengen. Nach und nach 100–150 ml warmes Wasser zugießen und alles zu einem homogenen Teig verkneten.

Den Teig zu einer Kugel formen und abgedeckt an einem warmen Ort etwa 60 Minuten gehen lassen.

Die Petersilie waschen, trockenschütteln, die Blätter zupfen und fein hacken. Den Feta zerkrümeln, mit der Petersilie vermengen und nach Belieben mit Salz und Pfeffer würzen.

Den aufgegangenen Teig erneut durchkneten, in 8–9 Stücke teilen, zu Kugeln formen, je eine Mulde eindrücken, mit etwas Fetamischung füllen und gut verschließen.

Die Teiglinge auf ein mit Backpapier ausgelegtes Backblech geben, mit dem Eigelb bepinseln und mit Sesam bestreuen.

Die Hefebrötchen im auf 160 °C (Umluft) vorgeheizten Backofen 40–45 Minuten backen.

Die Poğaça aus dem Ofen nehmen und vor dem Verzehr vollständig abkühlen lassen.

DEFTIGER GUGELHUPF

Ergibt 1 Gugelhupf

ZUTATEN

3 Eier
125 g Quark 40 %
50 g Mandelmehl
50 g Bambusfasermehl
15 g Kokosmehl
15 g Flohsamenschalenpulver
7 g Trockenhefe
Salz
1 Zwiebel
1 Knoblauchzehe
1 EL Butterschmalz
500 g Hackfleisch vom Rind
400 g stückige Tomaten (Dose)
schwarzer Pfeffer aus der Mühle
2 EL Oregano
100 g geriebener Käse

AUSSERDEM

Gugelhupfform (Ø 26 cm), gefettet

ZUBEREITUNG

Die Eier mit dem Quark in einer Rührschüssel verrühren.

Das Mandelmehl mit dem Bambusfasermehl, dem Kokosmehl und dem Flohsamenschalenpulver mischen. Die Hefe und 1 TL Salz dazugeben. Die Mischung zur Ei-Quark-Masse geben und gut vermengen. Nach und nach 100–150 ml warmes Wasser zugießen und alles zu einem homogenen Teig verkneten.

Den Teig zu einer Kugel formen und abgedeckt an einem warmen Ort etwa 60 Minuten gehen lassen.

Die Zwiebel und den Knoblauch abziehen und fein würfeln. Das Butterschmalz in einer Pfanne erhitzen und beides darin anschwitzen. Dann das Hackfleisch zugeben und krümelig scharf anbraten.

Mit den Tomaten ablöschen und mit Salz, Pfeffer und Oregano würzen. Die Sauce bei niedriger Temperatur reduzieren, bis die Flüssigkeit verkocht ist. Mit Salz und Pfeffer abschmecken und etwas abkühlen lassen.

Den aufgegangenen Teig noch einmal durchkneten und zu einem 60 x 40 cm großen Rechteck dünn ausrollen. Die Füllung darauf verteilen und etwa 80 g Käse darüber streuen. Den belegten Teig von der breiten Seite aus fest aufrollen und die Enden verschließen.

Den übrigen Käse in der Gugelhupfform verteilen und die Rolle hineinlegen. Im auf 180 °C (Umluft) vorgeheizten Backofen etwa 60 Minuten backen.

Den deftigen Gugelhupf aus dem Ofen nehmen, vorsichtig stürzen und noch warm genießen.

TIPP: Besonders gut schmeckt der Gugelhupf mit etwas Tzatziki.

PILZSCHNECKEN

Ergibt etwa 30 Stück

ZUTATEN

3 Eier
120 g Quark 40 %
50 g Goldleinsamenmehl
50 g Bambusfasermehl
15 g Kokosmehl
15 g Flohsamenschalenpulver
1 Päckchen Trockenhefe
Salz
300 g Champignons
½ Bund Petersilie
100 g Walnusskerne
schwarzer Pfeffer aus der Mühle

ZUBEREITUNG

Die Eier mit dem Quark in einer Rührschüssel verrühren.

Das Goldleinsamenmehl mit dem Bambusfasermehl, dem Kokosmehl und dem Flohsamenschalenpulver mischen. Die Hefe und 1 TL Salz dazugeben. Die Mischung zur Ei-Quark-Masse geben und gut vermengen. Nach und nach 100–150 ml warmes Wasser zugießen und alles zu einem homogenen Teig verkneten.

Den Teig zu einer Kugel formen und abgedeckt an einem warmen Ort etwa 60 Minuten gehen lassen.

Die Champignons gründlich putzen und vierteln. Die Petersilie waschen und trockenschütteln. Beides mit den Walnusskernen in einem Mixer fein pürieren. Mit Salz und Pfeffer abschmecken.

Den aufgegangenen Teig noch einmal durchkneten, zu einem 60 x 40 cm großen Rechteck 5 mm dick ausrollen und die Füllung darauf verteilen. Den belegten Teig von der breiten Seite aus fest aufrollen und die Enden verschließen. Die Rolle mit einem scharfen Messer in 1 ½ cm dicke Scheiben teilen.

Die Pilzschnecken auf ein mit Backpapier ausgelegtes Backblech geben und im auf 160 °C (Umluft) vorgeheizten Backofen etwa 30 Minuten backen.

Die Pilzschnecken aus dem Ofen nehmen und vor dem Verzehr abkühlen lassen.

FETA-ROSMARIN-STANGEN

Ergibt 9–10 Stück

ZUTATEN

4 Eier
250 g Quark 40 %
100 g Mandelmehl
50 g Kartoffelfasern
+ etwas mehr zum Bemehlen
30 g Flohsamenschalenpulver
30 g Kokosmehl
15 g Backpulver
1 TL Salz
1 TL gemahlener Rosmarin
250 g Feta

ZUBEREITUNG

Die Eier mit dem Quark in einer Rührschüssel verrühren.

Das Mandelmehl mit den Kartoffelfasern, dem Flohsamenschalenpulver und dem Kokosmehl vermischen. Das Backpulver, das Salz und den Rosmarin dazugeben. Die Mischung zur Ei-Quark-Masse geben und gut vermengen. Nach und nach 200 ml warmes Wasser zugießen und alles zu einem homogenen Teig verkneten.

Den Feta klein würfeln und unter den Teig heben.

Den Teig in 9–10 Stücke teilen, zu Strängen formen, mit Kartoffelfasern bemehlen und in sich verdrehen.

Die Feta-Rosmarin-Stangen auf ein mit Backpapier ausgelegtes Backblech geben und im auf 180 °C (Umluft) vorgeheizten Backofen etwa 45 Minuten backen.

Die Feta-Rosmarin-Stangen aus dem Ofen nehmen und vor dem Verzehr abkühlen lassen.

KÄSEZOPF

Ergibt 1 Zopf

ZUTATEN

6 Eier
250 g Quark 40 %
90 g Mandelmehl
30 g Kokosmehl
110 g Bambusfasermehl
30 g Flohsamenschalenpulver
1 Päckchen Trockenhefe
1 TL Salz
500 g geriebener Cheddar
1 Eigelb

AUSSERDEM

Kastenform (30 cm), gefettet
Thymian zum Dekorieren

ZUBEREITUNG

Die Eier mit dem Quark in einer Rührschüssel verrühren.

Das Mandelmehl mit dem Kokosmehl, dem Bambusfasermehl und dem Flohsamenschalenpulver mischen. Die Hefe und das Salz dazugeben. Die Mischung zur Ei-Quark-Masse geben und gut vermengen. Nach und nach 200 ml warmes Wasser zugießen und alles zu einem homogenen Teig verkneten.

Den Teig zu einer Kugel formen und abgedeckt an einem warmen Ort etwa 60 Minuten gehen lassen.

Den aufgegangenen Teig noch einmal durchkneten, in 3 Stücke teilen und zu Rechtecken ausrollen. Die Teigplatten mit Käse bestreuen und fest aufrollen.

Die Stränge zu einem Zopf flechten (siehe S. 20) und in die Kastenform legen.

Das Eigelb mit 1 EL Wasser verquirlen, den Zopf damit bepinseln und die Stränge einschneiden.

Den Käsezopf im auf 160 °C (Umluft) vorgeheizten Backofen etwa 60 Minuten backen.

Den Käsezopf aus dem Ofen nehmen, aus der Form lösen und vor dem Anschneiden abkühlen lassen. Mit Thymian dekoriert servieren.

PIZZABRÖTCHEN

Ergibt 8–9 Stück

ZUTATEN

3 Eier
250 g Quark 40 %
150 g Goldleinsamenmehl
30 g Flohsamenschalenpulver
15 g Backpulver
1 TL Salz
1 EL Oregano
Knoblauchpulver (optional)
150 g Minisalami
½ Paprikaschote
100 g geriebener Käse

ZUBEREITUNG

Die Eier mit dem Quark in einer Rührschüssel verrühren.

Das Goldleinsamenmehl mit dem Flohsamenschalenpulver, dem Backpulver und dem Salz mischen. Oregano und Knoblauchpulver nach Belieben dazugeben. Die Mischung zur Ei-Quark-Masse geben und alles zu einem klebrigen Teig verarbeiten. Falls der Teig zu trocken ist, etwas Wasser zugießen.

Die Minisalami fein würfeln. Die Paprika waschen, entkernen und in etwa 5 mm große Würfel schneiden. Beides mit 70 g Käse unter den Teig heben, alles verkneten und zu 8–9 Brötchen formen.

Die Pizzabrötchen auf ein mit Backpapier ausgelegtes Backblech geben, mit dem übrigen Käse bestreuen und im auf 180 °C (Umluft) vorgeheizten Backofen 30–45 Minuten backen.

Die Pizzabrötchen aus dem Ofen nehmen und vor dem Verzehr abkühlen lassen.

BROTGERICHTE

BROTSALAT

Ergibt 2 Portionen

ZUTATEN

100 g Pflücksalat
1 gelbe Paprikaschote
150 g Cherrytomaten
350 g rustikales Baguette (siehe S. 43) oder Toastbrot (siehe S. 40)
2 Knoblauchzehen
Olivenöl
1 Zweig frischer Rosmarin
Saft von 1 Zitrone
Salz
schwarzer Pfeffer aus der Mühle

ZUBEREITUNG

Den Salat waschen, trockenschleudern und in eine große Schüssel geben. Die Paprika waschen, entkernen und in dünne Streifen schneiden. Die Cherrytomaten waschen und halbieren. Beides zum Salat geben.

Das Brot fein würfeln. Den Knoblauch abziehen und grob hacken.

Etwas Olivenöl in einer Pfanne erhitzen und den Knoblauch und den Rosmarinzweig zufügen. Das Brot hineingeben und rundherum zu goldgelben Croûtons anbraten.

Für das Dressing 1 EL Olivenöl mit dem Zitronensaft mischen und mit Salz und Pfeffer abschmecken. Die Sauce über den Salat geben und gut durchmischen.

Den Salat auf Tellern anrichten, die Croûtons darüber verteilen und servieren.

KIRSCHENMÄNNLE

Ergibt 4 Portionen

ZUTATEN

300 g Toastbrot (siehe S. 40)
500 ml Milch
(alternativ 500 g Schlagsahne)
2 Eier
75 g Xylit
50 g Butter, zerlassen
300 g TK-Kirschen

AUSSERDEM

Auflaufform (20–30 cm), ausgebuttert
selbst gemachte Vanillesauce (optional)

ZUBEREITUNG

Das Toastbrot in Stücke schneiden und für etwa 30 Minuten in der Milch oder der Sahne einweichen.

Dann die Eier, das Xylit und die Butter gut verrühren und mit den Kirschen unter die eingeweichten Toastbrotstücke mischen.

Die Teigmasse in die gebutterte Auflaufform geben und im auf 180 °C (Umluft) vorgeheizten Backofen etwa 30 Minuten backen.

Das Kirschenmännle als süße Hauptspeise oder als Dessert auf Tellern anrichten und nach Belieben mit Vanillesauce servieren.

ARME RITTER

Ergibt 4 Portionen

ZUTATEN

200 ml Milch
50 g Xylit
2 Eier
8 Scheiben Toastbrot (siehe S. 40)
Butterschmalz zum Anbraten
brauner Erythrit zum Wälzen
Erdbeeren und Minze
zum Garnieren (optional)

ZUBEREITUNG

Die Milch mit dem Xylit und den Eiern in einem tiefen Teller glatt rühren. Die Brotscheiben hineinlegen und die Flüssigkeit aufsaugen lassen.

Etwas Butterschmalz in einer Pfanne erhitzen, die Brotscheiben hineingeben und von beiden Seiten goldbraun ausbacken.

Die Armen Ritter in braunem Erythrit wälzen, auf Tellern anrichten und nach Belieben mit Erdbeeren und Minze garniert servieren.

SEMMELKNÖDEL

Ergibt 4 Portionen

ZUTATEN

500 g Toastbrot (siehe S. 40)
1 Zwiebel
1 Bund frische glatte Petersilie
1 EL Butterschmalz
1 TL Salz
200 ml Milch
2 Eier
Kartoffelfasern zum Abbinden
schwarzer Pfeffer aus der Mühle

ZUBEREITUNG

Das Toastbrot fein würfeln und in eine große Schüssel geben.

Die Zwiebel abziehen und fein würfeln. Die Petersilie waschen, trockenschütteln und fein hacken.

Das Butterschmalz in einer Pfanne erhitzen, die Zwiebel darin glasig anschwitzen und die Petersilie unterrühren.

Den Pfanneninhalt zum Brot geben, das Salz zufügen, die Milch zugießen und alles gut vermengen.

Die Masse 10–20 Minuten ziehen lassen. Dann die Eier zugeben und den Knödelteig gegebenfalls mit etwas Kartoffelfasern abbinden.

Salzwasser in einem großen Topf kurz aufkochen und bei niedriger Temperatur sieden lassen. Den Teig zu 8 Knödeln formen und in das siedende Wasser geben. Die Knödel ziehen lassen, bis sie nach oben steigen.

Die Semmelknödel nach Belieben servieren, zum Beispiel in einer Pilz-Rahm-Sauce.

BROTCHIPS

Ergibt etwa 8 Portionen

ZUTATEN

4 Eier
250 g Quark 40 %
150 g Goldleinsamenmehl
100 g Mandelmehl
30 g Flohsamenschalenpulver
15 g Backpulver
1 TL Salz

AUSSERDEM

Dörrautomat

ZUBEREITUNG

Die Eier mit dem Quark in einer Rührschüssel verrühren.

Das Goldleinsamenmehl mit dem Mandelmehl und dem Flohsamenschalenpulver mischen. Das Backpulver und das Salz dazugeben. Die Mischung zur Ei-Quark-Masse geben und gut vermengen. Nach und nach 200 ml warmes Wasser zugießen und alles zu einem homogenen Teig verkneten.

Den Teig zu 3 cm dicken Strängen formen, auf ein mit Backpapier ausgelegtes Backblech geben und im auf 180 °C (Umluft) vorgeheizten Backofen etwa 45 Minuten backen.

Die Brotstangen aus dem Ofen nehmen und vollständig abkühlen lassen. Dann in dünne Scheiben schneiden, am besten mit einer Brotschneidemaschine.

Die Brotscheiben in einen Dörrautomaten geben und etwa 8 Stunden bei 70 °C dörren. Falls zum Dörren der Backofen verwendet wird, die Ofenklappe einen Spalt breit öffnen und einen Kochlöffelstiel in die Ofenklappe klemmen.

Wenn die Chips schön kross sind, aus dem Dörrautomat bzw. Ofen nehmen und abkühlen lassen. In einer Metallbox aufbewahren.

TIPP: Die Brotchips können noch verfeinert werden. Es kann zum Beispiel mit Kräutern und Gewürzen experimentiert werden.

KRÄUTERBAGUETTE

Ergibt 1 Baguette

ZUTATEN

1 rustikales Baguette (siehe S. 43)
3 Knoblauchzehen
1 Zweig frischer Rosmarin
3 Stängel frisches Basilikum
½ Bund frische Petersilie
½ Bund frischer Schnittlauch
50 ml Olivenöl
(alternativ flüssige Butter)
Salz
schwarzer Pfeffer aus der Mühle

AUSSERDEM

Essstäbchen

ZUBEREITUNG

Die Essstäbchen links und rechts neben die langen Seiten des Baguettes legen und das Brot mit einem Abstand von jeweils 2 cm einschneiden, bis das Messer auf die Stäbchen trifft.

Den Knoblauch abziehen und grob hacken. Die Kräuter waschen und trockenschütteln. Vom Rosmarin die Nadeln und von der Petersilie und dem Basilikum die Blätter zupfen. Die Kräuter und den Knoblauch in einen Mixer geben und mit dem Olivenöl fein pürieren. Mit Salz und Pfeffer abschmecken.

Die Kräuterpaste in die Einschnitte des Baguettes verteilen.

Das Kräuterbaguette auf ein mit Backpapier ausgelegtes Backblech geben und im auf 160 °C (Umluft) vorgeheizten Backofen 20–30 Minuten backen.

Das Kräuterbaguette aus dem Ofen nehmen und noch warm genießen.

REZEPTREGISTER

IMPRESSUM

Verantwortliche: Sonya Mayer,
Stefanie Gückstock
Produktmanagement,
Redaktion und Satz: Silke Schüler
Korrektur: Susanne Langer-Joffroy
Umschlaggestaltung: Leeloo Molnár unter
Verwendung von Fotos von Diana Ruchser
Repro: Repro Ludwig, Zell am See
Herstellung: Barbara Uhlig, Bettina Schippel
Text und Rezepte: Diana Ruchser
Fotografie und Foodstyling: Diana Ruchser
Zebrastreifen Umschlaginnenseiten:
© freestock.ca/Nicolas Raymond

Printed in Slovenia by Florjancic

Natriumhydroxid (NaHO; Ätznatron) ist ein Gefahrenstoff und darf keinesfalls ohne Sicherheitsvorkehrungen und Schutzkleidung verwendet werden. Eine Haftung für durch die Verwendung von Ätznatron entstandene Sach- und/oder Personenschäden ist ausgeschlossen.

★★★★★

Sind Sie mit diesem Titel zufrieden? Dann würden wir uns über Ihre Weiterempfehlung freuen.

Erzählen Sie es im Freundeskreis, berichten Sie Ihrem Buchhändler oder bewerten Sie bei Onlinekauf. Und wenn Sie Kritik, Korrekturen, Aktualisierungen haben, freuen wir uns über Ihre Nachricht an Christian Verlag, Postfach 40 02 09, D-80702 München oder per E-Mail an lektorat@verlagshaus.de

Unser Verlagsprogramm finden Sie unter

www.christian-verlag.de

Die Deutsche Nationalbibliothek verzeichnet diese Publikation in der Deutschen Nationalbibliografie; detaillierte bibliografische Daten sind im Internet über http://dnb.d-nb.de abrufbar.

2. Auflage 2021

ISBN 978-3-95961-404-7